Nina Loos

NÜRNBERG

Die 65 schönsten Ausflüge vor der Haustür

NÜRNBERG AM WASSER!

Im Sommer nimmt der Franke schon mal gerne weite Wege in Kauf, um ans Wasser zu kommen. Da rufen die großen Seen in Oberbayern, und manch einer fährt gar für ein Wochenende nach Italien an den Gardasee. Dabei wird gerne vergessen, dass es auch heimische Gewässer gibt, die an heißen Sommertagen herrlich erfrischend sind. Zahlreiche Badeparadiese und idyllische Flüsse liegen praktisch direkt vor der Haustür – perfekt für eine kleine Auszeit von ein paar Stunden oder einem Wochenende!

Bei einem Ausflug ans Wasser denkt man natürlich immer zuerst an den Badesee. Aber es gibt ja noch viel mehr als «nur» Sonnen, Schwimmen oder Tretbootfahren. In diesem Buch finden Sie viele spannende Ausflugsziele und Aktivitäten am Wasser – wie wäre es zum Beispiel mal mit einer Flusswanderung oder einer Treidelfahrt? Natürlich können wir in diesem Buch nur eine Auswahl an schönen Zielen nennen, viel zu zahlreich sind die Möglichkeiten in der Metropolregion Nürnberg – manch ein Ausflugsziel ist vielleicht bereits bekannt, das andere noch ein echter Geheimtipp!

Wichtig war uns, dass fast alle Touren ganz entspannt mit öffentlichen Verkehrsmitteln zu erreichen sind. In Bussen und Bahnen der VAG kann man das Fahrrad rund um die Uhr mitnehmen, sofern Platz vorhanden ist. In den S-Bahnen ist die Mitnahme nur an Werktagen zwischen 6 und 8 Uhr nicht gestattet. In den Zügen des Regionalverkehrs ist die Mitnahme an Werktagen auch zwischen 6 und 8 Uhr erlaubt, wenn die Züge über Mehrzweckabteile verfügen oder die Fahrradbeförderung gemäß Hinweis im Fahrplan zugelassen ist. Für das Rad löst man eine Kinder-Fahrkarte. Die Preisstufe entspricht dabei der Fahrstrecke, die zurückgelegt werden soll. Mit der MobiCard oder einem Tagesticket Plus kann man statt einer Person auch ein Fahrrad mitnehmen. Kauft man ein Tagesticket Plus an einem Samstag, ist der Sonntag inklusive!

Eine gute Alternative zum eigenen Rad ist das öffentliche Fahrradmietsystem *VAG-Rad* mit zahlreichen Stationen in Nürnberg, Fürth und Erlangen (vagrad.de/de/nuernberg).

Nur wenige Ausflugsziele sind nicht mit öffentlichen Verkehrsmitteln zu erreichen, da sie zu abgelegen sind. Trotzdem sind sie zu schön, um sie nicht zu erwähnen. Mit dem Auto sind auch diese aber maximal eine Stunde entfernt.

In diesem Sinne
Los, ans Wasser!

Übrigens: Viele Rad-, Boot- oder SUP-Vermieter bieten ihre Leistungen nur in der Saison an, manche sogar nur am Wochenende. Das gleiche gilt für Restaurants, Cafés, Fähr- und Schiffslinien. Daher – vor dem Ausflug nochmal informieren!

Wer sich ein SUP-Board oder Boot mieten möchte, braucht meist ein Pfand (z.B. Personalausweis).

Bitte denken Sie auch daran, dass in manchen Betrieben, gerade auf dem Land, häufig nur Barzahlung möglich ist.

Für einen schnellen Überblick über die möglichen Aktivitäten, die den beschriebenen Ausflug auszeichnen, finden Sie an jedem Tourbeginn Symbole. Diese sind in der Umschlagklappe hinten erläutert.

Das Symbol „Kinderwagen" steht auch (manchmal nur bedingt) für „Rollstuhl oder Rollator geeignet".

NÜRNBERG & FÜRTH – STADTGEBIET

NÖRDLICHES UMLAND

ÖSTLICHES & SÜDÖSTLICHES UMLAND

WESTLICHES & SÜDWESTLICHES UMLAND

NÜRNBERG FÜRTH

STADTGEBIET

Tour 01 - 08

01

STADTPARK NÜRNBERG

Die 19 Hektar umfassende Grünanlage im Herzen der Stadt ist bei Joggern, Flaneuren, Hundebesitzern, Boule-Spielern und Mutter-Kind-Gruppen gleichermaßen beliebt. Man kann hier gut und gerne einen halben Tag oder mehr verbringen!

Seit rund 250 Jahren ist der mehr als 25 Fußballfelder große **Stadtpark,** der im Stil eines englischen Landschaftsparks angelegt wurde, ein schönes Ausflugsziel für Jung und Alt. Das Herz der «grünen Stube» ist der kleine Stadtparkweiher. Erholungsuchende können auf den Liegeflächen und in den lauschigen Gartenhöfen entspannen. Herrlich lässt es sich über die breit angelegten Wege flanieren, die von alten Linden, Rosskastanien und prachtvollen Atlaszedern gesäumt sind.

Hauptattraktion ist der **Neptunbrunnen,** der größte barocke Brunnen nördlich der Alpen und ein Denkmal des Nürnberger Friedens nach dem Dreißigjährigen Krieg. Der Originalbrunnen wurde für den Hauptmarkt geschaffen. Aus finanziellen Gründen verkaufte die Reichsstadt ihn 1796 jedoch nach Sankt Petersburg. 1902 wurde eine Kopie am Hauptmarkt errichtet, welche die Nationalsozialisten aus ideologischen Gründen jedoch abbauen und andernorts aufbauen ließen. Erst 1962 fand der Brunnen seinen Weg in den Stadtpark.

Kinder können am großen **Spielplatz** nach Herzenslust toben, schaukeln und klettern sowie auf dem Bewegungsparcours, am Basketballplatz oder auf dem Fußballfeld Dampf ablassen. Zudem können sie auf der **Straße der Kinderrechte** auf spielerische Entdeckungsreise gehen und an zehn Stationen Wissenswertes über die Kinderrechte erfahren.

Stadtpark Nürnberg

Nürnberg: Maxfeld

01

BESTE ZEIT
Frühjahr bis Herbst. Vorzugsweise an einem ruhigen Wochentag. Wer sehen und gesehen werden will, wählt das trubelige Wochenende.

START & ANREISE
Viele Parkplätze entlang der Bayreuther Straße, Virchowstraße und Am Stadtpark.

ÖPNV: Maxfeld (U3), Rennweg (U2), Schoppershof (U2). Bushaltestellen rund um den Park.

WOMIT BIN ICH UNTERWEGS?
Zu Fuß oder per Rad.

DAUER
Je nach Laune eine Stunde oder den ganzen Tag.

WAS NEHME ICH MIT?
Picknickdecke, Sonnen-/Regenschutz, ausreichend zu trinken, Picknickkorb.

GUTES ESSEN
Von Mai-Sep kann man im *PARKS* Sommergarten die Füße in den Sand stecken und mit einem Drink den Blick auf den Stadtweiher genießen. Es gibt leckeres Pad Thai und fränkische Brotzeiten im Glas. Von Okt-Apr gibts im Café PARKS hausgemachte Kuchen, Torten, Kaffeespezialitäten und auch herzhafte Gerichte.
parks-nuernberg.de

WASSERWELT WÖHRDER SEE

Als Hochwasserschutz für die Altstadt erbaut, ist der Stausee bei Erholungssuchenden und all jenen, die den neuesten Trendsportarten frönen sowie den Körperkult pflegen, ungemein beliebt.

Einst durchfloss die **Pegnitz** in zwei Armen die Flussaue in **Wöhrd** und sorgte häufig für Überschwemmungen in der Altstadt. Inzwischen hat der drei Kilometer lange künstlich geschaffene **Wöhrder See,** der aus dem Unteren und dem Oberen Wöhrder See besteht und heute zu den beliebtesten Naherholungsgebieten der Stadt zählt, die Hochwassergefahr gebannt.

Höhepunkte am See sind die alljährlich stattfindende *Wöhrder Kärwa* (Kirchweih), das *Wöhrder Seefest* und das *Bonsai Festival.*

Die Uferbepflanzung des Landschaftsschutzgebietes bilden Schwertlilien, Hahnenfuß und Bärlauch. Bergahorne, Hainbuchen und Weiden spenden im Seeuferbereich Schatten, und so sind die Plätze darunter heiß begehrt. Beiderseits ist der See durch **Uferwege** erschlossen, die zum Flanieren, Radeln, Skaten, Walken und Joggen einladen.

Der **Obere Wöhrder See** ist Habitat für zahlreiche Wasservögel wie Schwäne, Blässhühner und Kormorane. In der Abenddämmerung lassen sich auch Mauersegler bei ihren Flugmanövern beobachten.

Im Sommer strömen die Nürnberger an den neu geschaffenen **Sandstrand** am **Nordufer** des **Unteren Wöhrder Sees.** Wer die Ruhe sucht, ist am **Südufer** in der *Norikusbucht* gut aufgehoben. Durch einen Damm vom Rest des Sees abgetrennt, lädt sie zu einem erfrischenden Bad ein. Auf die Kleinen wartet hier ein **Wasserspielplatz** mit Wasserlauf, Matsch-Bereich und Kletterlandschaft.

Wasserwelt Wöhrder See **15**

Nürnberg: Wöhrd, Veilhof, Tullnau

BESTE ZEIT
Am reizvollsten im Sommer, vorzugsweise unter der Woche. Wer sehen und gesehen werden will, wählt das trubelige Wochenende.

START & ANREISE
Parkplätze:
Ostufer: Parkpl. Norikerstraße (Norikerstr. 19, 90402 Nürnberg),
Westufer: TH Tiefgarage oder Wöhrder Talübergang Parking (Wöhrder Talübergang, 90489 Nürnberg).

ÖPNV: Straßenbahn-Haltestelle *Tullnaupark* (5,11), U-Bahn- & Straßenbahn-Haltestelle *Wöhrder Wiese* (U2, U3, 8), S-Bahnhof *Dürrenhof* (S1, S2, S3). Viele Bushaltestellen rund um den See.

WOMIT BIN ICH UNTERWEGS?
Zu Fuß oder auf dem Wasser.

WAS NEHME ICH MIT?
Picknickdecke, Sonnen-/Regenschutz, Badesachen.

GUTES ESSEN
Im Inklusionscafé *Tante Noris am See* gibt es leckere Snacks, Sandwiches, Kuchen und handgemachtes Bio-Eis. noris-gastro.de/seecafe

Im *Herzkaffee Nürnberg* gibt es sündhaft gutes Frühstück, gesunde Snacks, köstlichen hausgemachten Kuchen und erfrischende Smoothies. herzkaffee-nuernberg.eatbu.com

EXTRA-TIPP
Am Unteren Wöhrder See kann man von Anfang März bis Ende Oktober *SUP-Boards, Tretboote, Ruderboote oder Kanus mieten.* bootsverleih-nuernberg.de

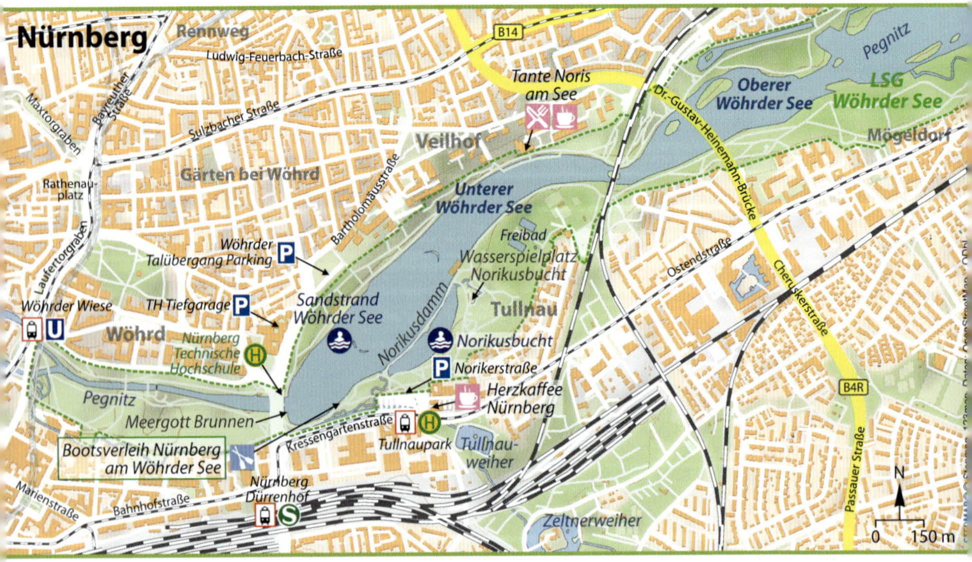

NATURERLEBNISPFAD PEGNITZTAL OST

Eine Wanderung durch diese Naturidylle mitten in der Stadt ist wie ein Kurzurlaub auf dem Land. Man muss als Stadtmensch gar nicht weit raus, um mal ins Grüne zu kommen!

Direkt an der **Satzinger Mühle,** am östlichen Ende des Wöhrder Sees, befindet sich der Startpunkt des **Naturerlebnispfades Pegnitztal Ost.** Stadtauswärts folgen wir einfach den 27 Stationstafeln, die Wissenswertes zum *Lebensraum Pegnitz-Aue* vermitteln.

Der Weg führt uns immer entlang der **Pegnitz,** die sanft durch Wiesen und Wälder mäandert, vorbei an prächtigen Weiden und Erlen, die bei Hochwasser häufig auf Tauchstation gehen. Alsbald treffen wir auf einen Wanderschäfer. Er schützt mit seinen Tieren und Hütehunden die mageren Wiesen in den Pegnitzauen vor erneuter Verwaldung, denn Schafe sind die idealen Rasenmäher.

Auf dem gut ausgebauten Weg geht es dann weiter zur **Oberbürg** – einst ein prächtiges barockes Wasserschloss, was sich heute leider kaum noch erahnen lässt. In weitaus besserem Zustand präsentiert sich das **Fabrikgut Hammer,** eine der bedeutendsten mittelalterlichen Industriesiedlungen Europas, welches wir als Nächstes erreichen.

Im *Hammerwerk* wurden bis zu seiner Zerstörung im Zweiten Weltkrieg Produkte aus Messing hergestellt. Bis heute gut erhalten ist das dazugehörige **Fabrikdorf** mit dem raffinierten Uhrenhaus, den Wohnhäusern der Arbeiter und den Wirtschaftsgebäuden.

Hier beenden wir unseren Ausflug, um mit der S-Bahn die Heimreise anzutreten. Wer möchte, verlängert die Wanderung und schlendert auf der gegenüberliegenden Flussseite zurück zum Ausgangspunkt.

BESTE ZEIT
Das ganze Jahr über, idealerweise bei sonnigem Wetter.

START & ANREISE
Satzinger Mühle, Kirchenberg 1, 90482 Nürnberg.

Wanderparkplatz vor dem Restaurant oder am Fahrbahnrand in der Flußstraße.

ÖPNV: S-Bahn *Nürnberg-Mögeldorf* (S2), Straßenbahn-Haltestelle *Mögeldorf* (5,11). Viele Bushaltestellen in der Nähe der Satzinger Mühle.

WOMIT BIN ICH UNTERWEGS?
Zu Fuß oder mit dem Fahrrad.

LÄNGE & DAUER
Ca. 3,5 km, 1-2 Std.

WAS NEHME ICH MIT?
Bequemes Schuhwerk, Sonnen-/Regenschutz.

GUTES ESSEN
Das Restaurant *Mylos* in der *Satzinger Mühle* serviert sehr leckeres griechisches Essen. Besonders gut schmeckt es im Sommer auf der idyllischen Terrasse mit Blick aufs Wasser. mylos-nuernberg.de

Im Café *Glückswinkel* wird man in die 1980er-Jahre zurückkatapultiert. Die Plastikstühle sind mehr als retro, der Kaffee wird hier noch im Kännchen serviert und die Sahne zur heißen Schokolade extra gereicht. Die Kuchen und Torten schmecken wie bei Oma und sind einfach sündhaft gut!

EXTRA-TIPP
Im Sommer packen wir die Badehose ein und kühlen uns im *Naturfreibad Langsee* ab. Das Langseebad ist lange nicht so überlaufen wie andere Bäder in der Stadt – was sicherlich daran liegt, dass der See deutlich kühler ist als vergleichbare Badeseen – und noch immer ein echter Geheimtipp für heiße Sommertage! tsv1846nuernberg.de/freibadlangsee

Idyllisch im Wald durch eine regelrechte Sumpflandschaft verläuft der plätschernde *Schneidersbach.* Südlich von Schwaig bei Nürnberg ist er besonders reizvoll.

Nürnberg
Kohlbuck
340
LSG
Tiefgraben
und Kohlbuck
Café
Glückswinkel
Eichendorffstraße
Erlenstegen
Tiefgraben
Platnersberg
335
B14
NSG
Pegnitztal Ost
Erlenstegen
Langwassergraben
Fabrikgut
Hammer
Langsee
Pegnitz
Zur
Hammer-
schmiede
Hammer
Herrensitz Oberbürg
ehemal. Wasserburg
Erlenstegenstraße
Ebensee
Freibad
Langsee
Unterbürger
Weiher
Schloss
Unterbürg
Schneidersbach
900 m
Sankt Jobst
Pegnitz
Ebensee
Im Weiler
Laufamholz
Ziegenstraße
Mögeldorf
Nürnberg
Goldhammer
Laufamholzstraße
Nürnberg-
Rehhof
Nürnberg-
Laufamholz
Flußstr.
Mylos -
Satzinger Mühle
Oberer
Wöhrder See
Rehhof
Mögeldorf
Nürnberg-
Mögeldorf
LSG
Wöhrder See
N
STEPMAP © Stepmap. 123map Daten: OpenStreetMap.; ODbL
0
150 m

VOLKSPARK DUTZENDTEICH

Der Volkspark Dutzendteich ist Seele baumeln lassen, Tretboot fahren, Würstchenbude, Rock im Park und DTM-Autorennen oder einfach gesagt: das beliebteste Naherholungsgebiet der Stadt.

Im 16. Jahrhundert war der **Dutzendteich** ein beliebtes Ausflugsziel. Damals flanierte man hier zum Wirtshaus am Dutzendteich oder schipperte mit einer Gondel auf dem See herum.

Diesen gibt es in der Form heute nicht mehr, da das NS-Regime das Gelände nach der Machtübernahme für die Errichtung ihres **Reichsparteitagsgeländes** auserkoren hatte. Der See wurde mit dem Bau der Aufmarschstraße in zwei Teile geteilt – so entstanden der *Große* und der *Kleine Dutzendteich*. Die damals errichteten Großbauten rund um den Dutzendteich zeugen noch heute von der Geschichte des Areals und stehen unter Denkmalschutz.

Längst haben die Nürnberger ihren **Volkspark Dutzendteich** zurückerobert. Die architektonischen Reste des Größenwahns des NS-Regimes werden mit der gebührenden Gleichgültigkeit behandelt – ob beim Chillen am See, Grillen und Skaten auf der Großen Straße, Joggen, einem kühlen Getränk im Biergarten oder beim Fahrrad oder Tretboot fahren.

Wenn der Dutzendteich – leider selten – zugefroren ist, kann man Schlittschuhlaufen. Für Langläufer werden bei Schnee – auch eher selten – Loipen im Park gespurt.

BESTE ZEIT
Zu jeder Jahreszeit.

START & ANREISE
Viele Parkplätze am Zeppelinfeld, an der Großen Straße und an der Ehrenhalle.

ÖPNV: Straßenbahn-Haltestellen *Doku-Zentrum* (6,8) und *Dutzendteich* (6,10), U-Bahn-Haltestelle *Bauernfeindstraße* (U1), S-Bahn-Haltestelle *Dutzendteich* (S1, S3). Viele Bushaltestellen rund um den Volkspark.

WOMIT BIN ICH UNTERWEGS?
Zu Fuß, mit dem Fahrrad oder auf dem Wasser. Tretboot oder Ruderboot mieten: tretbootspass.de

DAUER
Je nach Gusto.

WAS NEHME ICH MIT?
Sonnen-/Regenschutz.

GUTES ESSEN
Zum Fritten-Kalle – eine Institution im Volkspark. Die Currywurst mit Pommes ist legendär.

Gutmann am Dutzendteich – Deftige fränkische Küche und das bekannte Gutmann-Bier stehen hier auf der Karte. Ein lebhafter Biergarten im Grünen. gutmann-am-dutzendteich.de

EXTRA-TIPP
Wo einst politische Parolen über das Reichsparteitagsgelände hallten, dröhnen heute Bässe beim *Musikfestival Rock im Park* (rock-im-park.com) und Motoren, wenn die *DTM* – ehemals *Deutsche Tourenwagen-Masters* (norisring.de) in der Stadt zu Gast ist.

In der unvollendeten *Kongresshalle* ist das *Dokumentationszentrum Reichsparteitagsgelände* untergebracht. Es informiert Besucher über die Ursachen, Zusammenhänge und Folgen der nationalsozialistischen Gewaltherrschaft und die Bauten auf dem Gelände. museen.nuernberg.de/dokuzentrum

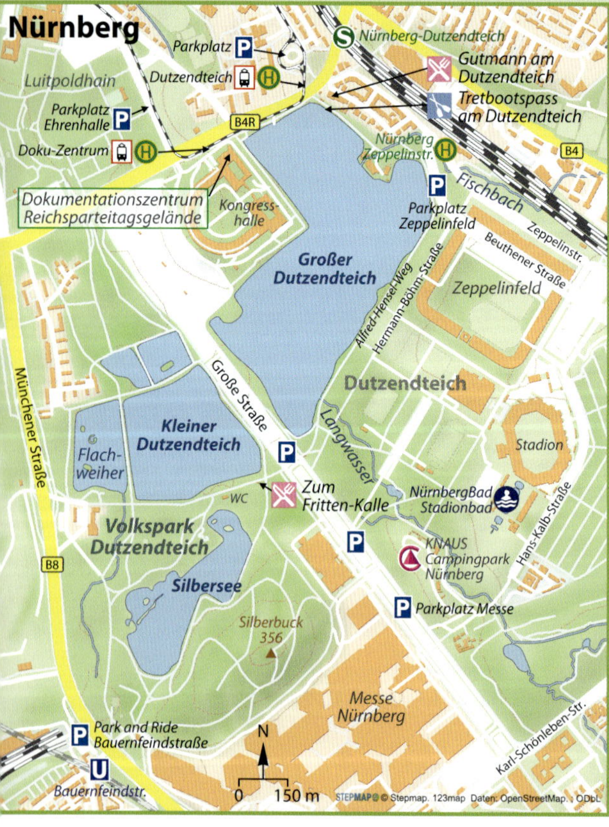

Gutmann

VALZNERWEIHER, HUTGRABEN, HOLZWEIHER UND EISWEIHER

Der gemütliche Spaziergang im Osten Nürnbergs verzaubert mit wunderschöner, unberührter Natur. Das Feuchtgebiet Hutgraben ist ein unerwartetes Idyll und beim Blick auf die ruhigen Weiher können wir herrlich entspannen.

Start und Ziel unseres Spaziergangs ist der **Valznerweiher.** Hier sitzt man im *Inselrestaurant* und genießt klassische fränkische Gerichte mit Blick auf den Weiher. Von dort führt uns der Weg über Bohlen durch das naturbelassene **Feuchtgebiet Hutgraben** – ein Auwald, der einem Märchen entsprungen scheint.

Am **Holzweiher** erinnert lediglich eine Tafel an die ehemalige Strafanstalt, die hier einst stand. Der Weiher selbst ist Brut- und Rastplatz seltener Wasservögel und ein idyllisches Plätzchen für ein lauschiges Picknick.

Durch den dichten **Lorenzer Reichswald** streifend, fällt unser Blick auf die Baumampel – nicht nur Ostberlin kann Ampelmännchen! An der alten Steinbrücke überqueren wir alsbald den **Fischbach** und erreichen den **Eisweiher,** wo wir auf einer der Bänke die ruhige Idylle in uns aufnehmen, bis das Geschnatter der Gänse und Enten der Ruhe ein Ende bereitet.

Über die **Russenwiese** – heute eine hübsche Waldwiese, während des Ersten Weltkriegs Standort eines Lagers für russische Kriegsgefangene – führt uns der Weg zurück zum Ausgangspunkt.

Valznerweiher, Hutgraben, Holzweiher und Eisweiher
Nürnberg: Zerzabelshof, Zerzabelshofer Forst; Forsthof (Nürnberger Land)

BESTE ZEIT
Zu jeder Jahreszeit.

START & ANREISE
Viele Parkplätze direkt am Valznerweiher.

ÖPNV: Bus-Haltestelle *Valznerweiher* (44). Alternativ Bus-Haltestelle *Zerzabelshof Mitte* (43) oder S-Bahn-Haltestelle *Frankenstadion* (S1, S3) und von dort je 10 Minuten zu Fuß.

WOMIT BIN ICH UNTERWEGS?
Zu Fuß.

LÄNGE & DAUER
Hin und zurück sind es etwa acht Kilometer. Knapp zwei Stunden ist man unterwegs.

WAS NEHME ICH MIT?
Bequeme Schuhe, Regen-/Mückenschutz, ausreichend zu trinken und evtl. Proviant.

GUTES ESSEN
Im *Inselrestaurant Valzner Weiher* werden klassische fränkische Gerichte, hausgeräucherte Fischspezialitäten und saisonale Schmankerl wie Aischgründer Karpfen, Spargel aus dem Knoblauchsland und Pilze aus bayerischen Wäldern serviert.
valzner-weiher.de

EXTRA-TIPP
Einst holten die Fischbacher im Winter Eisblöcke aus dem Eisweiher, um ihr Bier zu kühlen – denn wer mag schon warmes Bier? Heute erfreuen sich die Kinder in den kalten Monaten beim *Schlittschuhfahren* am kalten Eis (der Ort Fischbach liegt östlich).

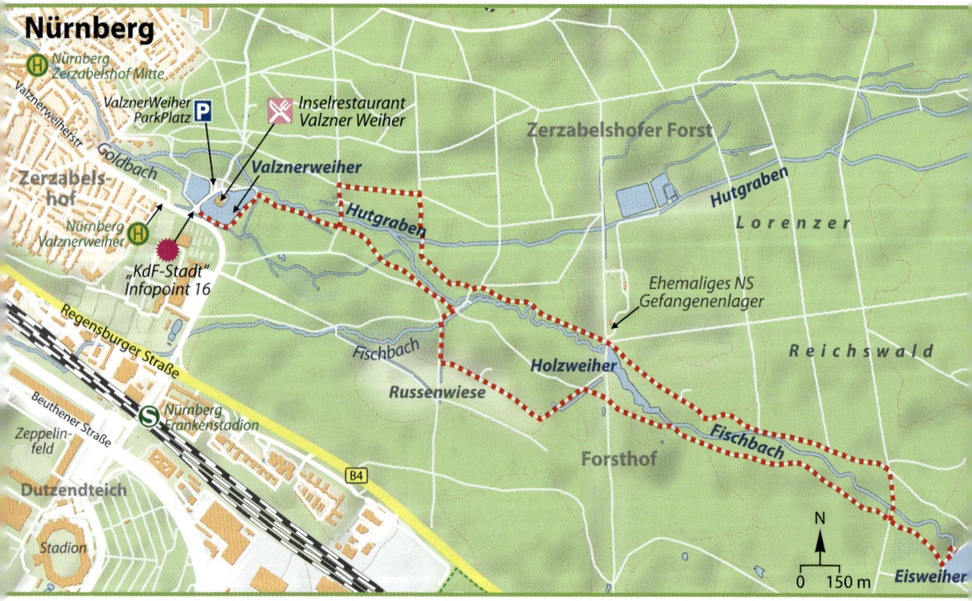

ENTLANG DER PEGNITZ VON NÜRNBERG NACH FÜRTH

Lust auf einen Naturpfad, der zwei Metropolen verbindet? Dann ist diese Großstadt-Hopping-Tour perfekt – sie führt vorbei an blühenden Gärten, urwüchsigen Auenlandschaften und idyllischen Parks.

Wer sich zu Fuß von Nürnberg nach Fürth aufmacht, wird staunen, wie viele grüne Oasen die zwei fränkischen Nachbarstädte zu bieten haben. Gemütlich wandert man von Hauptbahnhof zu Hauptbahnhof. Die sanft plätschernde **Pegnitz** – die Lebensader, die Nürnberg und Fürth verbindet – gibt dabei den Weg vor.

Los geht es am Nürnberger Hauptbahnhof. Durch den malerischen **Handwerkerhof** – ein charmantes Ensemble aus kleinen Gassen, Läden und Fachwerkhäuschen – führt uns der Weg über die Königstraße zur **Lorenzkirche,** eines der Wahrzeichen der Stadt. Von hier aus gehts hinab zur **Pegnitz** und über die **Fleischbrücke** gelangen wir zum **Trödelmarkt,** der malerisch auf einer kleinen Insel in der Pegnitz liegt und sicherlich einer der schönsten Plätze der Stadt ist.

Der Pegnitz folgend gehen wir über den **Henkersteg** und wechseln am **Kettensteg** noch einmal die Flussseite. Nach der **Hallerwiese** laufen wir eine kurze Strecke durch ein Wohngebiet. Anschließend passieren wir das Wasserrad am **Lederersteg** und das **Landschaftsschutzgebiet Pegnitztal West.**

Am **Fuchsloch** bewundern wir die Flusssurfer, die hier ihr ganzes Können unter Beweis stellen, und erreichen schon alsbald die Stadtgrenze. Über den **Röllingersteg** führt uns der Weg in den **Fürther Stadtpark** und von da zum Hauptbahnhof.

Entlang der Pegnitz von Nürnberg nach Fürth

Nürnberg: Lorenz, St. Johannis, Kleinweidenmühle, Schniegling; Fürth

BESTE ZEIT
Zu jeder Jahreszeit.

START & ANREISE
Starten kann man eigentlich überall in der Nürnberger Innenstadt. Am besten ist es jedoch am Hauptbahnhof, wo alle U-/S-Bahnlinien sowie die meisten Straßenbahnlinien verkehren.

Das Auto sollte man zu Hause lassen, Parkraum ist rar.

WOMIT BIN ICH UNTERWEGS?
Zu Fuß.

LÄNGE & DAUER
Etwa neun Kilometer langer Spaziergang, ca. drei Stunden.

WAS NEHME ICH MIT?
Bequeme Schuhe, Sonnen-/Regenschutz, ausreichend zu trinken.

GUTES ESSEN
Am Hallertor am Ufer der Pegnitz liegt der *Schnepperschütz* – ein sympathisches Outdoor-Café, wo man an einem der wenigen Tische, auf der Treppe oder einer Picknickdecke auf der Hallerwiese sitzt und ein gutes Glas Wein und eine raffiniert belegte französische Bauernbrotstulle genießt.

Güri's Coffee Cake & Snacks – kurz hinter dem Kontumazgarten serviert man hier überaus leckeres Frühstück und sündhaft gute Kuchen. gueris-coffee.de

Pizza wie in Neapel gibts in der *Lammbock Pizzabar* beim Westbad und der Hinterhofgarten ist im Sommer ein Traum. lammbockpizzabar.com

EXTRA-TIPP
Nürnberger Dauerwelle – seit zwei Jahren kann man in Nürnberg ganz ohne Meer surfen und zwar in der Pegnitz, auf der acht Meter breiten *Dauerwelle im Fuchsloch.* Am Wochenende gibt es die Möglichkeit für die, die schon Wellenreiten können, einen 90-minütigen Surfslot zu buchen. Vereinzelt werden vom *Nürnberger Dauerwelle e. V.* auch *Einsteigerkurse* angeboten, in welchen alles Wissenswerte zur Welle und zum Flusssurfen vermittelt wird. nuernberger-dauerwelle.de

BITTE BEACHTEN
Das **Baden in der Pegnitz** ist aufgrund der Wasserqualität **offiziell verboten.** Im Sommer wird dieses Verbot von Jung und Alt gekonnt ignoriert, denn das erfrischende Nass ist einfach zu verlockend. Allerdings sollte man wegen der Strömung mit der gehörigen Vorsicht ins Wasser gehen.

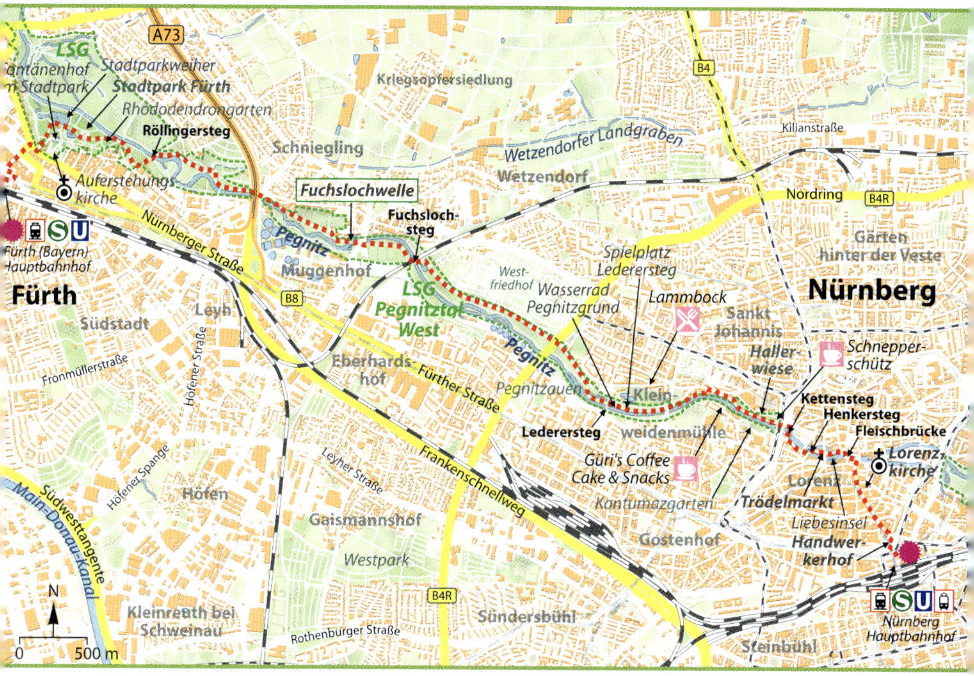

LSG
Stadtparkweiher
Stadtpark Fürth
Rhododendrongarten
Röllingersteg
Auferstehungskirche
Fürth (Bayern) Hauptbahnhof
Fürth
Südstadt
Nürnberger Straße
Fuchslochwelle
Fuchslochsteg
Pegnitz
Muggenhof
Schniegling
Kriegsopfersiedlung
Wetzendorfer Landgraben
Wetzendorf
Kilianstraße
Nordring
Gärten hinter der Veste
Nürnberg
Spielplatz Ledierersteg
West-friedhof
Wasserrad Peghitzgrund
Lammbock
Sankt Johannis
Hallerwiese
Schnepperschütz
LSG Pegnitztal West
Leyh
Eberhardshof
Fürther Straße
Fronmüllerstraße
Höfener Straße
Pegnitzauen
Kleinweidenmühle
Ledererstegr
Kettensteg
Henkersteg
Fleischbrücke
Lorenzkirche
Güri's Coffee Cake & Snacks
Kontumazgarten
Lorenz
Trödelmarkt
Liebesinsel
Handwerkerhof
Höfener Spange
Höfen
Leyher Straße
Frankenschnellweg
Gaismannshof
Westpark
Gostenhof
Südwesttangente
Main-Donau-Kanal
Kleinreuth bei Schweinau
Rothenburger Straße
Sündersbühl
Steinbühl
Nürnberg Hauptbahnhof
A73
B4
B4R
B8
0
500 m
N

WECK

STADTPARK FÜRTH

Der Fürther Stadtpark ist die «heimliche Liebe der Fürther». Wer durch das grüne Herz der Stadt schlendert, wird diese Begeisterung teilen.

Der **Fürther Stadtpark** gilt als Oase zum Flanieren oder um einfach mal die Seele baumeln zu lassen. Ob chillen an einem der **Weiher,** sonnenbaden auf der **Liegewiese** am *Fontänenhof*, Minigolf, Tischtennis oder das *Stadtparkcafé* besuchen – hier wird jeder fündig.

Im Sommer strömen Tausende zum *Sommernachtsfilmfestival* und zur *Classic Night* an der **Freilichtbühne.** Im Herbst zieht der beliebte **Apfelmarkt** in «Fürths grünes Wohnzimmer».

Romantische Plätzchen finden sich bei der *Auferstehungskirche* im Laubengang des **Rosengartens.** Der **Rhododendrongarten** verzaubert die Besucher alljährlich mit seiner wohlriechenden Blütenpracht.

Die Kleinen toben hingegen auf dem **Spielplatz** und planschen im Sommer nach Herzenslust im **Spielbach** und Wissenshungrige finden am **Baumlehrpfad** geistige Nahrung.

Wer richtig gut frühstücken möchte, ist im *Stadtparkcafé* in der ehemaligen Milchgaststätte genau richtig.

Stadtpark Fürth 35
Fürth: Am Stadtpark

BESTE ZEIT
Zwischen Frühjahr und Herbst. Vorzugsweise an einem ruhigen Wochentag.

START & ANREISE
Der Park ist von allen Seiten zugänglich.

Das Auto sollte man (wenigstens am Wochenende) zu Hause lassen, denn der Parkraum rund um den Park ist rar.

ÖPNV: U1, S1, S4 bis *Fürth Hauptbahnhof.*

WOMIT UNTERWEGS?
Zu Fuß oder dem Rad.

WAS NEHME ICH MIT?
Sonnen-/Regenschutz, Picknickdecke, ein Buch, das man schon immer lesen wollte.

GUTES ESSEN
Stadtparkcafé – ausgesprochen leckeres Frühstück, auch vegetarisch oder vegan und in Bio-Qualität. In der hauseigenen Backstube fertigt Bäckermeister Alex Kurio leckeres Gebäck, Kuchen und Brote. Diese kann man im Lokal belegt mit Roastbeef, Hühnchen, Hummus oder Rote Bete verspeisen oder auch einen Laib für zu Hause kaufen, denn mittags um 12 Uhr öffnet sich das Schiebefenster der Backstube und sie verwandelt sich in einen Laden. Eines haben alle Brote gemein: Sie bestehen aus Dinkelmehl, ganz ohne Weizen. stadtparkcafe.de

EXTRA-TIPP
Wer seinen Spaziergang ein wenig verlängern möchte, folgt vom Armbadbecken dem *Fürther Heilquellenweg* südlich an der Pegnitz entlang Richtung Nürnberg und macht sich auf die Spuren des Fürther Heilwassers. Die erste Quelle, der wir begegnen, ist die *König-Ludwig-Quelle* in der Uferstadt (Forschungs- & Gewerbepark). Von dort führt der Weg zur *Kleinen Mainau* mit dem Quelltempel, aus dessen Wasserhähnen das Heilwasser der *Espan-Quellen* sprudelt. Anschließend führt der Weg wieder westwärts durch die Fürther Innenstadt, vorbei an zahlreichen Sehenswürdigkeiten wie der Alexanderstraße mit den hübschen Barockhäusern, dem Geburtshaus von Ludwig Erhard und dem Grünen Markt mit dem Gauklerbrunnen bis zum *Thermalbad Fürthermare.* Alle Becken der Therme werden aus der dortigen *Kleeblatt-Quelle* gespeist.

Fürth
Spielplatz mit Sandkasten
Pegnitz
Stadtparkcafé
Freilichtbühne
Spielplatz im Stadtpark
Stadtpark-weiher
Minigolf
Rhododendrongarten
Moststraße
Stadtpark
Schwanen-weiher
Heilquellenweg
Fürthermare 1,3 km
Otto-Seeling-Promenade
Fontänenhof
Frosch-brunnen
Armbad-becken
Humbser Spielplatz
Auferstehungskirche
LSG Rednitz-, Pegnitz- und Regnitztalsystem
Espanstraße
Kutzerstraße
A73
Espan-Quellen
Kleine Mainau
Pegnitz
Dr.-Mack-Straße
Hornschuchpromenade
Gebhardtstraße
Nürnberger Straße
Lange Straße
Uferstadt
König-Ludwig-Quelle
Fürth (Bayern) Hauptbahnhof
Karolinenstraße
B8
Kurgartenstraße
N
0
150 m
STEPMAP © Stepmap, 123map Daten: OpenStreetMap, ODbL

CAFÉ BADEHAUS

Das wohl charmanteste Café in Fürth.
Da kommt auch die Oma zu Besuch, die als Kind noch selbst im Flussbad schwamm, um mit ihren Enkeln ein Stück Kuchen zu essen und in Erinnerungen zu schwelgen.

Einst trafen die Fürther sich hier in der Badstraße, um sich im Flussbad in der **Rednitz** abzukühlen. An heißen Sommertagen zog dieser Ort bis zu 12.000 Badegäste an. Das Flussbad ist längst Geschichte und das Baden in der Rednitz fast überall verboten.

Wo einst das Flussbad mit Duschen und Umkleidekabinen stand, befindet sich heute das **Café Badehaus.** Im Sommer treffen sich Jung und Alt, Musiker, Maler und Schriftsteller bei einem Stück hausgemachten Kuchen und Kaffee im idyllischen Garten und an der wunderschönen Uferpromenade. In der kalten Jahreszeit zieht man ins kuschelige Wintercafé mit Kaminofen.

Doch das Café *Badehaus* ist mehr als ein Café, es ist ein **Kulturort.** Regelmäßig finden hier und in den angrenzenden Ateliers Lesungen, Konzerte, Ausstellungen, Theateraufführungen und viele weitere Veranstaltungen statt. Zudem gibt es im Café eine historische Fotostrecke, so kann jeder Besucher einen Blick auf die Vergangenheit am Fluss werfen.

BADEHAUS
Badeschluss 18 Uhr

08

BESTE ZEIT
Das ganze Jahr über.

ANREISE
Café Badehaus, Badstr. 8, 90762 Fürth.

Parken ist in der Badstr. und den umliegenden Straßen möglich.

ÖPNV: U-Bahn *Rathaus* (U1). Bus (Linie 189) hält direkt vor dem Café an der Haltestelle *Mariensteig*.

GUTES ESSEN
Café Badehaus – sündhaft gute, hausgemachte Kuchen, die wie bei Oma schmecken. Dazu gibt es feine Kaffee- und Teespezialitäten und regionale Biere.
badstrasse8.de

EXTRA-TIPP
Malkurse – Birgit Maria Götz bietet in ihrem Atelier oder im Garten regelmäßig Kurse an. Von Zeit zu Zeit verlegt sie diese auch an die Uferpromenade und verwandelt sie in ein Freiluftatelier.
badstrasse8.de/ateliers/kurse

Das *Baden in der Rednitz* ist im Bereich der Einstiegstreppe vor dem Café auf eigene Gefahr erlaubt. Also packen wir im Sommer die Badehose ein!

NÖRDLICHES UMLAND

Tour 09 - 30

TEUFELSGRABEN

Die gemütliche Wanderung durch den Teufelsgraben bei Langenzenn ist ein echter Geheimtipp und verzaubert mit wunderschöner Natur. Wer hätte gedacht, dass der Landkreis Fürth mit so einer magischen Schlucht aufwarten kann.

Wir starten an der Infotafel zum **Geoökologischen Waldlehrpfad** an der Ecke *Adlerstraße* und *Finkenschlag* in **Langenzenn** und folgen dem Feldweg geradeaus.

Nach den Weihern halten wir uns leicht links auf dem schmalen Pfad, der uns über eine kleine Brücke zum **Kettenbach** führt. In seinem Verlauf hat dieser eine kleine romantische Schlucht gebildet: den märchenhaft idyllischen **Teufelsgraben.** Wir folgen dem kleinen Quellbach, der sanft durch die Schlucht plätschert, und genießen bei unserem Spaziergang das Sonnenlicht, das den Mischwald um uns herum in den unfassbarsten Grüntönen erstrahlen lässt.

Am Bach findet man zahlreiche schöne Plätzchen für ein Picknick oder einfach nur, um die Natur zu genießen und die Gedanken schweifen zu lassen. Die **56 Infotafeln am Wegesrand** vermitteln uns Wissenswertes über die heimischen Baum- und Straucharten, die Geologie des Zenngrundes und das Ökosystem Wald.

Am Ende des Teufelsgrabens treffen wir wieder auf einen Forstweg und folgen den Hinweisschildern WLP zurück zu den Weihern und unserem Ausgangspunkt.

Teufelsgraben **45**
Langenzenn, Landkreis Fürth

BESTE ZEIT

Zu jeder Jahreszeit. Hier hat man auch am Wochenende die Idylle ganz für sich allein.

START & ANREISE

Im nördlichen Ortsteil von Langenzenn, Ecke Adlerstr. / Finkenschlag.

Parken kann man im angrenzend. Wohnviertel.

ÖPNV: Mit der RB12 bis *Hardhof*.

WOMIT BIN ICH UNTERWEGS?

Zu Fuß.

LÄNGE & DAUER

Etwa 4 Kilometer langer Spaziergang, ca. 1,5 Std..

WAS NEHME ICH MIT?

Gutes Schuhwerk, Regen-/Mückenschutz.

GUTES ESSEN

Im *Biergarten Oase* genießt man direkt am Ufer der Zenn fränkische Bierspezialitäten und kulinarische Schmankerl mit traumhaftem Blick aufs Wasser. biergartenoase.de

Der *Keidenzeller Hof* serviert von Donnerstag bis Samstagabend gehobene Küche. Die Menüs bestehen aus bis zu zwölf verschiedenen großen und kleinen Kreationen und sind ein wahrer Augen- und Gaumenschmaus. keidenzeller-hof.com

EXTRA-TIPP

Im Anschluss an die Wanderung lohnt der Abstecher ins charmante historische Städtchen Langenzenn. Besonders sehenswert ist das *ehemalige Augustiner-Chorherrenstift* mit dem bemerkenswert gut erhaltenen Kreuzgang.

Im *Kulturhof* gibt es immer wieder tolle Ausstellungen, Theateraufführungen, Lesungen und Konzerte. Im *Kulturhof-Café* werden So von 13.30-18 Uhr die leckersten selbst gebackenen Kuchen und Torten weit und breit serviert. Dazu genießt man fair gehandelten Bio-Kaffee und Tee. kulturhof-langenzenn.de

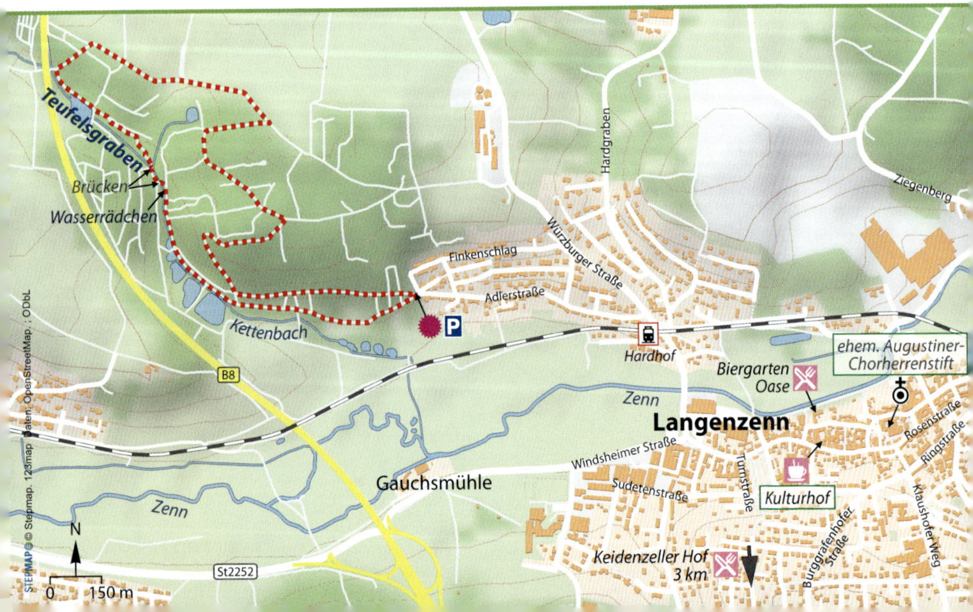

Teufelsgraben
Brücken
Wasserrädchen
Kettenbach
Finkenschlag
Adlerstraße
Würzburger Straße
Hardgraben
Ziegenberg
Hardhof
Biergarten Oase
ehem. Augustiner-Chorherrenstift
Zenn
Langenzenn
B8
Gauchsmühle
Windsheimer Straße
Sudetenstraße
Turmstraße
Kulturhof
Rosenstraße
Ringstraße
Klaushofer Weg
Burggrafenhofer Straße
Keidenzeller Hof 3 km
St2252
N
0 150 m

SKLAVENSEE

Wenn die Kirschbäume auf den Wiesen in voller, weißer Pracht dastehen, die Bienen in den Baumkronen summen und der See einem zu Füßen liegt, weiß man gar nicht, wo man zuerst hinschauen soll.

Immer den Kirschen nach – diese kennzeichnen den **Kirschblütenweg,** der uns durch einen Teil des größten zusammenhängenden Süßkirschenanbaugebietes in Europa führt. Anhand von Schautafeln und Mitmachstationen lernen wir auf dem gut ausgebauten Weg durch die Kirschgärten vieles rund um die Frucht und ihren Anbau, wenn wir nicht gerade vom Blick auf die *Fränkische Schweiz* und den *Sklavensee* oder durch den zuckersüßen Duft der Blüten abgelenkt sind.

Der **Grubweiher,** so ist nämlich der richtige Name des **Sklavensees,** ist ein künstlich angelegter See. Er entstand durch Ablagerungen von Bauschutt in den 70er-Jahren, die das Ablaufen des Wassers vom *Weberbuckel* verhinderten. In den 80er-Jahren gründeten Angelfreunde den *Fischerei-Verein Kalchreuth,* um am Grubweiher regelmäßig zusammen zu angeln. Bevor das möglich war, musste jedoch das Gerümpel von der ehemaligen Schutthalde entfernt werden. Für ein Mitglied war dies «Sklavenarbeit», und so erhielt der See seinen heute gängigen Namen.

Rund um den idyllischen Weiher ist ein **Fischlehrpfad** angelegt. An den Schautafeln erfährt man viel über den heimischen Fischbestand.

Sklavensee

Kalchreuth, Landkreis Erlangen-Höchstadt

BESTE ZEIT
Am schönsten Mitte April bis Anfang Mai, wenn die Kirschbäume auf den Wiesen in voller, weißer Pracht dastehen. An den Wochenenden ist es in dieser Zeit meist richtig voll, daher idealerweise an einem Wochentag.

START & ANREISE
Wanderparkplatz Kalchreuth, Erlanger Str., 90562 Kalchreuth (49.560782, 11.122042).

ÖPNV: Mit der Gräfenbergbahn (RB 21) bis Kalchreuth.

WOMIT BIN ICH UNTERWEGS?
Zu Fuß.

WAS NEHME ICH MIT?
Bequemes Schuhwerk, Sonnen-/Regenschutz.

DAUER
Ein schöner Nachmittagsausflug.

GUTES ESSEN
Drei Linden – das original erhaltene altfränkische Gasthaus serviert deftige und saisonale fränkische Gerichte und selbst gebrautes naturtrübes Rotbier. gasthausdreilinden.de

Dorfwirtshaus Zum Roten Ochsen – hier trifft fränkische Gastlichkeit auf Cross-Over-Kitchen mit asiatischen und italienischen Einflüssen. Der Biergarten des Wirtshauses zählt zu den schönsten in ganz Franken. roter-ochse-kalchreuth.de

EXTRA-TIPP
Um ganz sicherzugehen, dass die Kirschblüte wirklich schon begonnen hat, gibt es online das Blütenbarometer der Fränkischen Schweiz. Dieses zeigt sehr verlässlich, wann die Knospen aufbrechen, und ob die Kirschblüten bereits in voller Blüte stehen. Ein Blick darauf lohnt vor dem Ausflug. fraenkische-schweiz.com/erleben/sehenswert/kirschbluete/bluetenbarometer

Kalchreuth, Landkreis Erlangen-Höchstadt

FISCHEREI OBERLE

Der Name ist hier Programm: In der Fischerei dreht sich alles um Fisch und den Karpfen von Seniorchefin Resi. Er ist der Beste weit und breit.

Im Stadtteil **Kosbach,** am Rande des **Aischgrunds** im äußersten Westen **Erlangens,** liegt der **Hof Nützel-Oberle,** der seit mehr als 370 Jahren im Besitz der Familie Oberle ist. Genauso lange betreibt die Familie schon Teichwirtschaft aus Leidenschaft.

In mehreren Weihern im Ort und in der Nähe von Bamberg beim Schloss Seehof werden Karpfen, Schleie, Hechte, Zander und andere heimische Fische gezüchtet. Anschließend landen sie im hofeigenen Restaurant auf dem Tisch; im alten Bauernhaus, oder im Sommer im lauschigen Innenhof. Der Klassiker ist Seniorchefin Resis **Karpfen** – diesen bäckt sie noch heute selbst, wie auch das außergewöhnliche **Karpfenpastenbrot** – allein dafür nehmen Feinschmecker den Weg nach Kosbach von weither in Kauf. Auch uns hat der Karpfen nirgends sonst so gut geschmeckt!

Die täglich wechselnde Karte hält aber auch die ein oder andere Überraschung bereit. Christoph Oberle hat von seinen internationalen Gästen Fischrezepte aus aller Welt gesammelt und Küchenchef Michael kreiert immer neue Karpfen-Schmankerl, wie Karpfenfilet süßsauer auf Zwiebel-Zwetschgen-Gemüse oder auch Karpfenfilet auf provenzalischen Bohnen. Ein wahres Gedicht ist auch der bretonische Fischtopf. Die Fischerei serviert jedoch nicht nur feinste Fischgerichte, sondern auch ausgezeichnetes, selbst gebrautes Bier.

BESTE ZEIT

Am besten in der Karpfensaison – alle Monate mit «r».

START & ANREISE

Fischerei Oberle, Am Deckersweiher 24, 91056 Erlangen.

Parkplatz gegenüber dem Restaurant.

ÖPNV: Verschiedene Routen möglich, z.B von *Erlangen Hbf* mit Bus 287 oder Bus 286 mit Umstieg in *Büchenbach/ER Lindnerstraße* in Bus 298, bis Haltestelle *Kosbach, An der Kapelle.*

EXTRA-TIPP

Auf dem *Nützel Hof* gibt es neben dem *Restaurant* (Do 17-22.30, Fr-So 11.30-14 und 17-22.30 Uhr) mit fränkischer Fischküche vom Feinsten und eigenem Bier auch einen *Fischladen* (Fr 10-18, Sa 10-17 Uhr), in dem die Familie Oberle die Früchte der Teiche anbietet. Neben frisch geschlachteten Fischen wie Karpfen, Zander und Forellen bekommt man auch Räucherfische, feine Fischsalate und Fischplatten zum Mitnehmen. fischerei-oberle.de

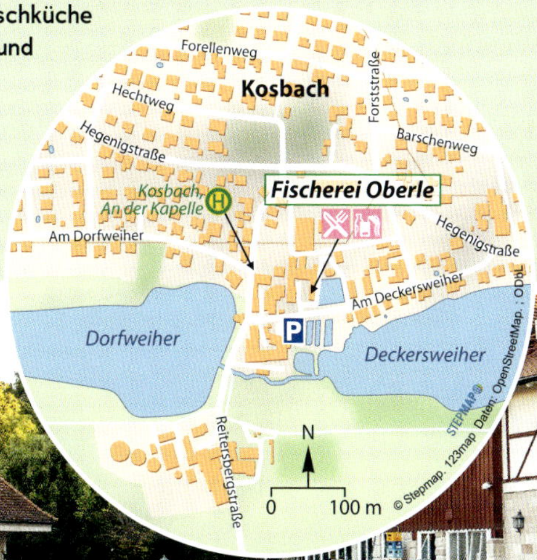

DECHSENDORFER WEIHER

An diesem bei vielen Nürnbergern und Erlangern beliebten Badeweiher wird an heißen Sommertagen gechillt, gebadet, gesurft und gegrillt, was das Zeug hält!

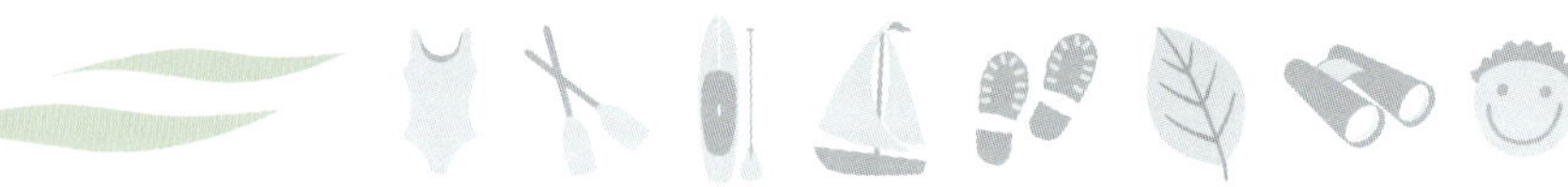

Der perfekte Ort, um einen heißen Sommertag in vollen Zügen zu genießen, ist der **Dechsendorfer Weiher** – oder wie er offiziell heißt: **Großer Bischofsweiher.** Im Nordwesten von Erlangen gelegen, ist er der größte in einer Kette von rund 60 Karpfenweihern.

Am Haus- und Hofweiher der Erlanger ist vor allem am Wochenende eine Menge los. Der Duft von Gegrilltem und Sonnencreme hängt in der Luft. Jogger und Radfahrer bahnen sich auf dem Rundweg ihren Weg durch heimische und auswärtige Spaziergänger, mit und ohne Hund. Sonnenhungrige bevölkern mit ihren Handtüchern die **Liegewiesen** und den **Naturbadestrand**. Auf dem «Erlanger Meer» tummeln sich Tretboote, Kajaks, SUP-Boarder, Windsurfer und Segler. Schwimmer ziehen ihre Bahnen und die Kleinsten planschen in Ufernähe.

Wer die Ruhe bevorzugt, spaziert zum nahegelegenen **Kleinen Bischofsweiher,** dieser ist als **Vogelschutzgebiet** ausgewiesen. Neben heimischen Wasservögeln lassen sich hier auch seltene und exotische Arten beobachten. Dazu gehören Blässhühner, Nilgänse, Höckerschwäne, Rohrdommeln, Mandarinenten und Trauerschwäne.

Dechsendorfer Weiher
Dechsendorf (Erlangen)

BESTE ZEIT
Natürlich in der Badesaison. Vorzugsweise an einem ruhigen Wochentag. Wer sehen und gesehen werden will, wählt das lebhafte Wochenende.

ANREISE
Rund um den Badeweiher in Dechsendorf gibt es mehrere Parkplätze.

ÖPNV: Mit dem Bus 283 vom *Hbf Erlangen* bis Haltestelle *Dechsendorf Weiher.*

WOMIT BIN ICH UNTERWEGS?
Zu Fuß oder auf dem Wasser.

WAS NEHME ICH MIT?
Badesachen, Sonnenschutz, ein Fernglas zur Vogelbeobachtung, ausreichend zu trinken und evtl. Proviant.

GUTES ESSEN
Die leckersten Fischbrötchen weit und breit und sündhaft guten, selbst gebackenen Kuchen gibts am Ostufer bei *Gertis Kiosk.*
gertis-kiosk.de

Etwas nobler ist das *Forsthaus Dechsendorf* am Südzipfel des Weihers. Auf der Terrasse mit Blick auf den Weiher lässt man sich bei schönem Wetter die modern interpretierten fränkischen Gerichte mit mediterranen Einflüssen schmecken, bei schlechtem Wetter im urigen holzgetäfelten Restaurant.
forsthaus-dechsendorf.de

EXTRA-TIPP
Leinen Los am Westufer – hier kann man SUP-Boards, Tret- oder Ruderboote mieten:
leinen-los.de

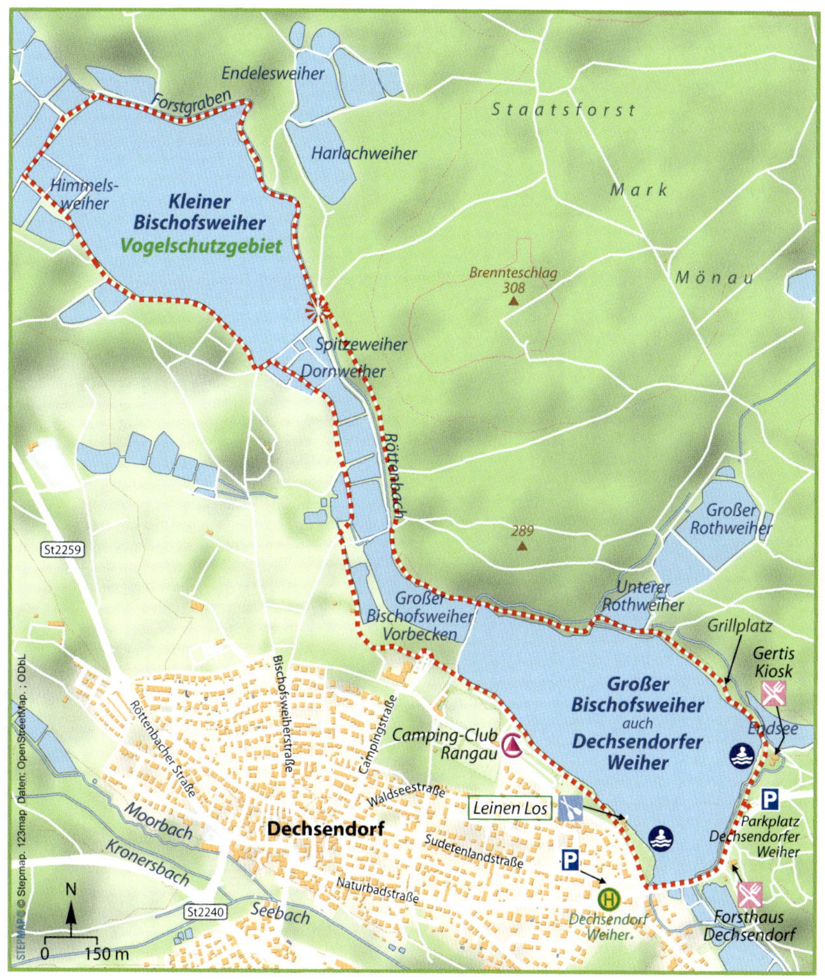
Endelesweiher
Forstgraben
Staatsforst
Harlachweiher
Mark
Himmels-
weiher
Kleiner
Bischofsweiher
Vogelschutzgebiet
Brennteschlag
308
Mönau
Spitzeweiher
Dornweiher
Röttenbach
Großer
Rothweiher
289
St2259
Unterer
Rothweiher
Großer
Bischofsweiher
Vorbecken
Grillplatz
Gertis
Kiosk
Großer
Bischofsweiher
auch
Dechsendorfer
Weiher
Endsee
Camping-Club
Rangau
Röttenbacher Straße
Bischofsweiherstraße
Campingstraße
Waldseestraße
Leinen Los
Parkplatz
Dechsendorfer
Weiher
Moorbach
Dechsendorf
Sudetenlandstraße
Kronersbach
Naturbadstraße
Dechsendorf
Weiher
Forsthaus
Dechsendorf
St2240
Seebach
N
0
150 m
STEPMAP © Stepmap. 123map Daten: OpenStreetMap ; ODbL

MÖHRENDORFER WASSERSCHÖPFRÄDER

Unzählige Wasserschöpfräder prägten einst die Landschaft entlang der Regnitz. Auf unserem kurzweiligen Spaziergang rund um Möhrendorf erkunden wir die letzten dieser Dinos, die heute noch ihre Runden drehen.

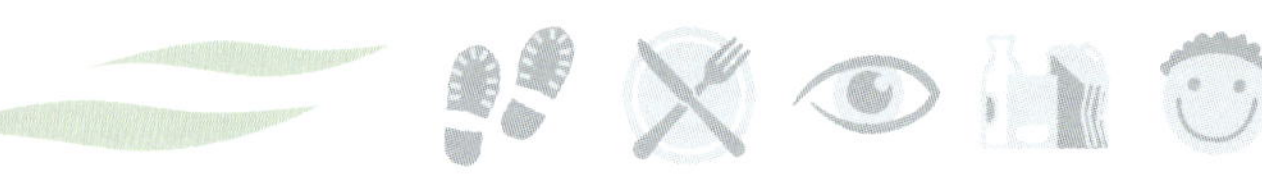

Wasserschöpfräder zur Bewässerung der umliegenden Felder gab es an der **Regnitz** rund um **Möhrendorf** bereits Anfang des 15. Jahrhunderts. Die Technik dafür hatten wohl Kreuzritter oder Nürnberger Kaufleute aus Mesopotamien mitgebracht, wo diese bereits 250 v. Chr. bekannt war. Rund 250 der eigentümlichen schwarzen Holzgiganten gab es einst auf den 35 Kilometern zwischen Schwabach und Forchheim, mehr als an jedem anderen europäischen Fluss. Heute sind es nur noch acht. Sie gehören zu den letzten ihrer Art in Mitteleuropa und sind ein einmaliges **Kulturdenkmal.**

Folgen wir vom Parkplatz am **Freilandmuseum Möhrendorf** dem Feldweg links, erblicken wir schon nach wenigen Metern das erste der historischen **Wasserschöpfräder:** das *Vierzigmannrad* – das einzige Doppelrad mit Kümpfen, also Wasserkübeln, an beiden Radkränzen. Etwas flussaufwärts liegen das *Schmiedsrad* und das *Weidackerrad.* Weitere Wasserschöpfräder – *Schlossangerrad, Kleines Schäferrad* und *Bauernrad* – befinden sich am gegenüberliegenden Ufer, das wir über den Ort, immer dem Wegzeichen «Möhrendorf Rundweg» folgend, erreichen.

Wer Lust hat, folgt den Wegzeichen danach noch zum **Main-Donau-Kanal,** passiert die **Schleuse Erlangen** und ist alsbald zurück in **Möhrendorf,** wo zahlreiche einladende Fischküchen warten.

Möhrendorfer Wasserschöpfräder **59**

Möhrendorf, Oberndorf, Landkreis Erlangen-Höchstadt

BESTE ZEIT

Mai-Sep. Gemäß der heute noch gültigen Baiersdorfer Wasserordnung aus dem Jahre 1693 dürfen die Schöpfräder nur vom *1. Mai-30. September* laufen. Zu Saisonbeginn werden die Holzkolosse aufgestellt und am Ende des Sommers wieder abgebaut und eingelagert. schoepfraeder.de regnitzraeder.de

START & ANREISE

Parkplatz am Freilandmuseum, gleich hinter der Regnitzbrücke, 91096 Möhrendorf.

ÖPNV: Mit dem Bus 254 (nur werktags) ab *Bhf Erlangen* bis zur Haltestelle *Möhrendorf Mitte* sonst mit der S1 bis *Bubenreuth* und 1,5 km zu Fuß.

WOMIT BIN ICH UNTERWEGS?

Zu Fuß.

LÄNGE & DAUER

Etwa acht Kilometer langer Spaziergang, ca. zwei Stunden. Mit Fußweg von/zur S-Bahn +3 km.

WAS NEHME ICH MIT?

Bequeme Schuhe, Sonnen-/Regenschutz, ausreichend zu trinken und evtl. Proviant.

GUTES ESSEN

In der *Fischküche Förster* kommen Fleisch- und Fischesser voll auf ihre Kosten. Karpfen und anderer Fisch, der hier serviert wird, kommt aus der eigenen Fischzucht. Das Fleisch und die leckeren Bratwürste aus der hauseigenen Metzgerei. metzgerei-fischkueche-foerster.de

Feinstes fränkisches Soulfood wird in der *Fischküche Reck* serviert. Je nach Saison liegt der Fokus auf Karpfen, Spargel oder Matjes. fischkueche-reck.de

EXTRA-TIPP

Wer sich mit Proviant für ein lauschiges Picknick an der Regnitz eindecken möchte, geht am besten beim *Der Dorfmetzger Reck* vorbei. Seine Kreationen sind superlecker, oft auch außergewöhnlich, schließlich ist Metzgermeister Jürgen Reck kein Geringerer als der amtierende Europameister der Metzger und Weltmeister im Wurstmachen. Mehr über die Geheimnisse der Bratwurstherstellung erfährt man in seinen spannenden *Bratwurst-Workshops.* derdorfmetzger.de

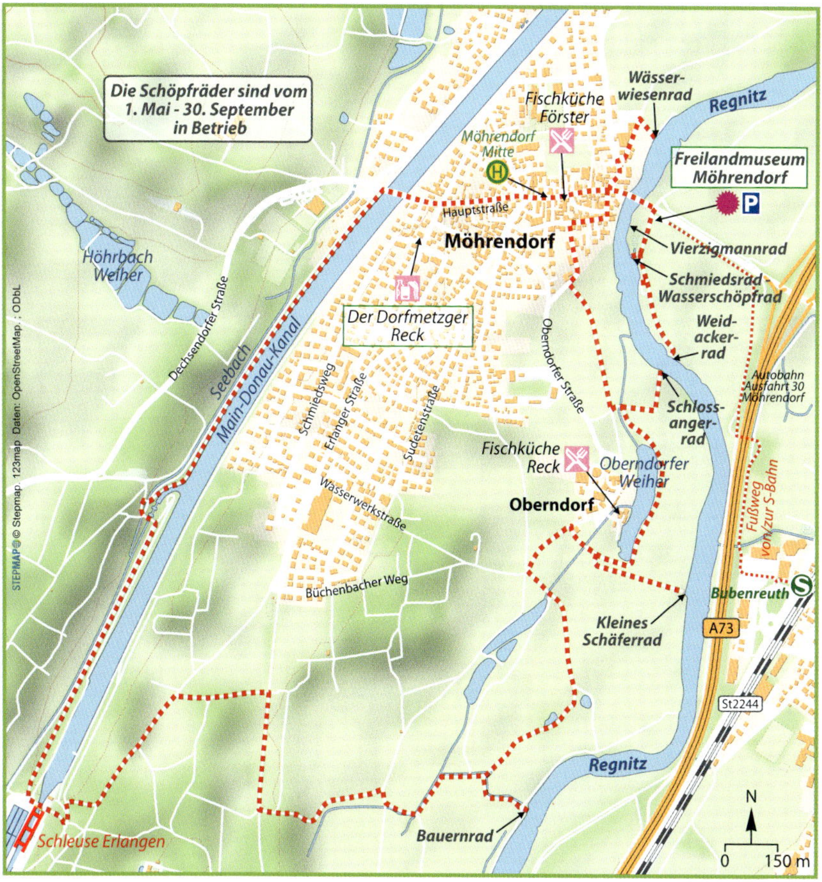

Die Schöpfräder sind vom 1. Mai - 30. September in Betrieb

Wässerwiesenrad
Regnitz
Fischküche Förster
Möhrendorf Mitte
Freilandmuseum Möhrendorf
Hauptstraße
Möhrendorf
Vierzigmannrad
Schmiedsrad-Wasserschöpfrad
Weidackerrad
Höhrbach Weiher
Dechsendorfer Straße
Seebach
Main-Donau-Kanal
Der Dorfmetzger Reck
Oberndorfer Straße
Autobahn Ausfahrt 30 Möhrendorf
Schmiedsweg
Erlanger Straße
Suderenstraße
Schlossangerrad
Fischküche Reck
Oberndorfer Weiher
Oberndorf
Wasserwerkstraße
Fußweg von/zur S-Bahn
Büchenbacher Weg
Bubenreuth
Kleines Schäferrad
A73
St2244
Regnitz
Bauernrad
Schleuse Erlangen
N
0 150 m
STEPMAP © Stepmap, 123map Daten: OpenStreetMap ; ODbL

NSG VOGELFREISTÄTTE WEIHERGEBIET BEI MOHRHOF

Das Weihergebiet bei Mohrhof ist eine weitläufige Seenplatte, die aus rund 100 künstlich angelegten Teichen besteht. Sie gilt als bedeutendes Vogelparadies in Franken.

Die **Vogelfreistätte Weihergebiet bei Mohrhof** ist ein knapp 130 Hektar großes **Naturschutzgebiet** unweit von Erlangen, eingebettet in die sanfte Hügellandschaft zwischen den kleinen Orten **Biengarten, Poppenwind** und dem Weiler **Mohrhof.**

Vom Parkplatz südlich von **Biengarten** aus folgen wir dem Weg geradeaus in Richtung Osten und erblicken schon nach kurzer Zeit die ersten Weiher, bei denen wir mit großer Wahrscheinlichkeit **seltene Wasservögel** entdecken können – Die Vogelfreistätte ist Rastplatz für Zugvögel wie Alpenstrandläufer, Fischadler und Schwarzkopfmöwen sowie Brutgebiet für Blässhühner, Purpurreiher, Schwarzhalstaucher und viele andere Vogelarten.

Der Weg führt uns an Streuobstwiesen und Schilfzonen vorbei. Nach etwa einem Kilometer biegen wir links ab und schlendern am **Großen Strichweiher** entlang gen Norden. Hier halten wir den Blick stetig nach links gerichtet, um durch den dichten Schilfgürtel den ein oder anderen Rohrsänger oder auch seltene Reiher zu erblicken.

An der nächsten Weggabelung geht es abermals nach links. Dem **Herrnwiesengraben** folgend erreichen wir wieder die Straße in Biengarten und den Parkplatz, an dem wir gestartet sind.

NSG Vogelfreistätte Weihergebiet bei Mohrhof

Biengarten (Höchstadt a.d.A.), Poppenwind (Gremsdorf), Landkr. Erlangen-Höchstadt

BESTE ZEIT

Zu jeder Jahreszeit. Zur Vogelbeobachtung von April bis Oktober.

START & ANREISE

Biengarten ist guter Startpunkt für eine Runde durch das Weihergebiet. Man fährt aus dem Ort Richtung Süden und biegt kurz darauf in den zweiten Weg nach links ab. Hier kann man das Auto parken.

ÖPNV: Der nächste Bahnhof ist *Baiersdorf (S1).* Von dort sind gut 14 km zum Weihergebiet bei Mohrhof, weshalb sich die Mitnahme eines Fahrrads empfiehlt.

Oder Mo-Fr von *Erlangen* Bus 205, Umstieg *Schwedenschanze* bzw. *Schillerplatz* in Bus 248 und bis *Biengarten.* Sa+So von *Erlangen* Bus 203E/205 bis *Aischwiese* und weiter mit dem Rufbus 248** oder evtl. Bus nach Poppenwind. **Bitte oben genannte Verbindungen vorab prüfen.** bahn.de

WOMIT BIN ICH UNTERWEGS

Zu Fuß oder mit dem Fahrrad (kann im Zug mitgenommen werden).

DAUER

Rund vier Stunden sollte man an diesem schönen Fleckchen einplanen.

**Rufbus 248 *(Anmeldung mind. 60 Min. vor Abfahrt 0176-16 35 80 22 (6-20h)).*

WAS NEHME ICH MIT

Bequeme Schuhe, Sonnen-/Regenschutz, Fernglas, Kamera, ausreichend zu trinken und eventuell Proviant.

EXTRA-TIPP

Ein echter Geheimtipp ist *Marga's Kren* – also frischer Meerrettich – den Marga und ihre Familie auf ihren Feldern rund um Biengarten anbauen und direkt am Hof verkaufen. margas-kren.de

ÜBRIGENS

Die kleineren Wege zwischen den Weihern dürfen vom 1. März bis zum 31. August nicht betreten werden, um die brütenden Vögel nicht zu stören.

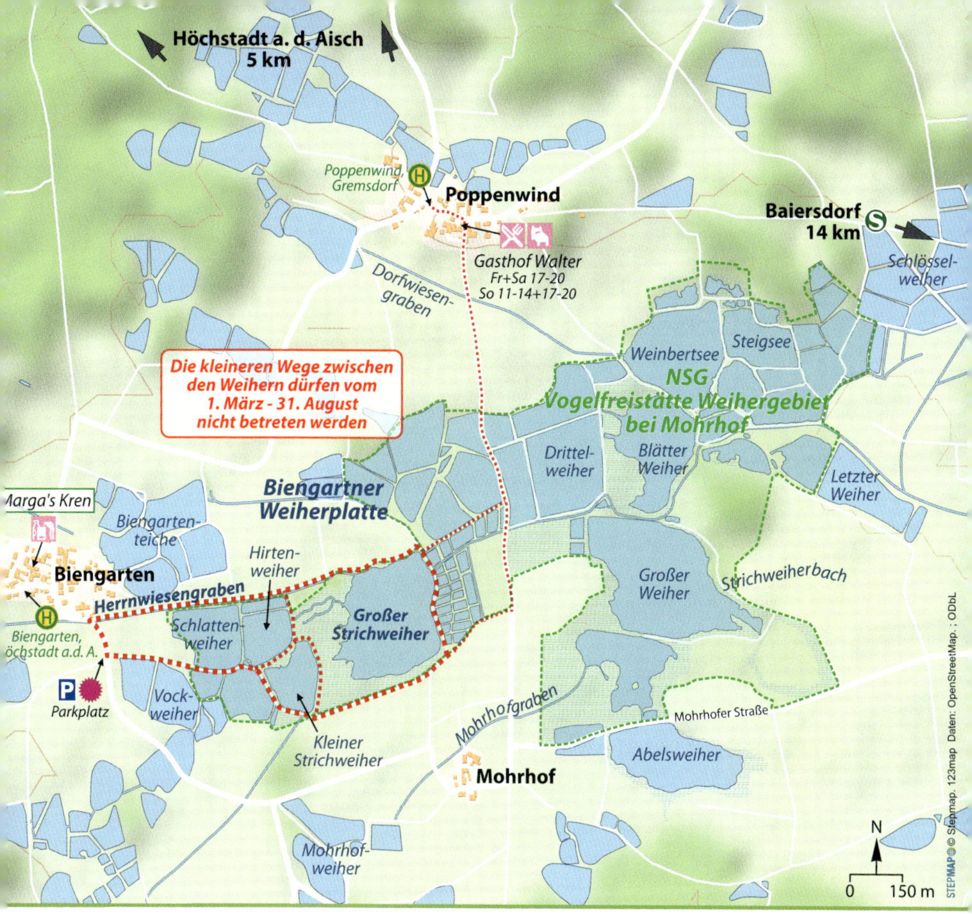

Höchstadt a. d. Aisch
5 km
Poppenwind, Gremsdorf
Poppenwind
Baiersdorf
14 km
Schlössel-weiher
Gasthof Walter
Fr+Sa 17-20
So 11-14+17-20
Dorfwiesen-graben
Weinbertsee
Steigsee
NSG
Vogelfreistätte Weihergebiet bei Mohrhof
Die kleineren Wege zwischen den Weihern dürfen vom 1. März - 31. August nicht betreten werden
Drittel-weiher
Blätter Weiher
Letzter Weiher
Marga's Kren
Biengartner Weiherplatte
Biengarten-teiche
Hirten-weiher
Biengarten
Herrnwiesengraben
Großer Weiher
Strichweiherbach
Biengarten, Höchstadt a.d. A.
Schlatten-weiher
Großer Strichweiher
Parkplatz
Vock-weiher
Kleiner Strichweiher
Mohrhofgraben
Mohrhofer Straße
Abelsweiher
Mohrhof
Mohrhof-weiher
N
0 150 m
STEPMAP © Stepmap. 123map Daten: OpenStreetMap ; ODbL

UEHLFELDER STORCHENLEHRPFAD

Achtung, Störche im Tiefflug! Jedes Jahr im Frühjahr kehren die Störche aus ihrem Winterquartier zurück nach Uehlfeld. Dann herrscht dort ein Flugbetrieb wie am Nürnberger Flughafen.

Rund acht Kilometer führt uns der **Storchenlehrpfad** vorbei an Wiesen und Karpfenteichen. Schautafeln mit Wissenswertem zum Thema Störche begleiten uns durch die Ortsteile **Voggendorf, Demantsfürth** und die fränkische Storchenhochburg **Uehlfeld.**

Am **Voggendorfer Felsenkeller** starten wir, wenden uns der *Mühlenstraße* zu und folgen gen Süden dem «Storchensymbol», das uns fortan begleitet, bis zu den ersten Karpfenteichen. Hier lädt die **Vogelbeobachtungsstation Demantsfürth,** eine auf Stelzen im Wasser stehende Hütte, zum Verweilen ein. Über Steine hüpfend und dann zur Holztreppe oder einfacher über den Steg kommt man hinauf. Herrlich kann man von dort Lachmöwen, Stockenten und Graureiher beobachten. Anschließend geht es weiter zum **«Storchennest Demantsfürth»,** eine Aussichtsplattform, die einem Storchennest nachempfunden ist. Bei einer Rast kann man von hier aus sehen, wie die Weißstörche über die Felder fliegen und Futter suchen.

Kommt man **Uehlfeld** näher, vernimmt man bereits das Klappern der Störche und alsbald kann man dann auch einen Blick auf die ersten Storchennester erhaschen. Ein Blick nach oben lohnt, denn auf beinahe jedem Haus sitzt ein Storch. Ganze 33 Storchenpaare waren es zuletzt, und auf so manchem Haus gibt es gar mehrere Storchennester. Nirgends sonst kann man so viele Störche auf einmal aus der Nähe betrachten wie hier, und im Start- und Landeanflug fliegen sie oft nur knapp über unsere Köpfe hinweg.

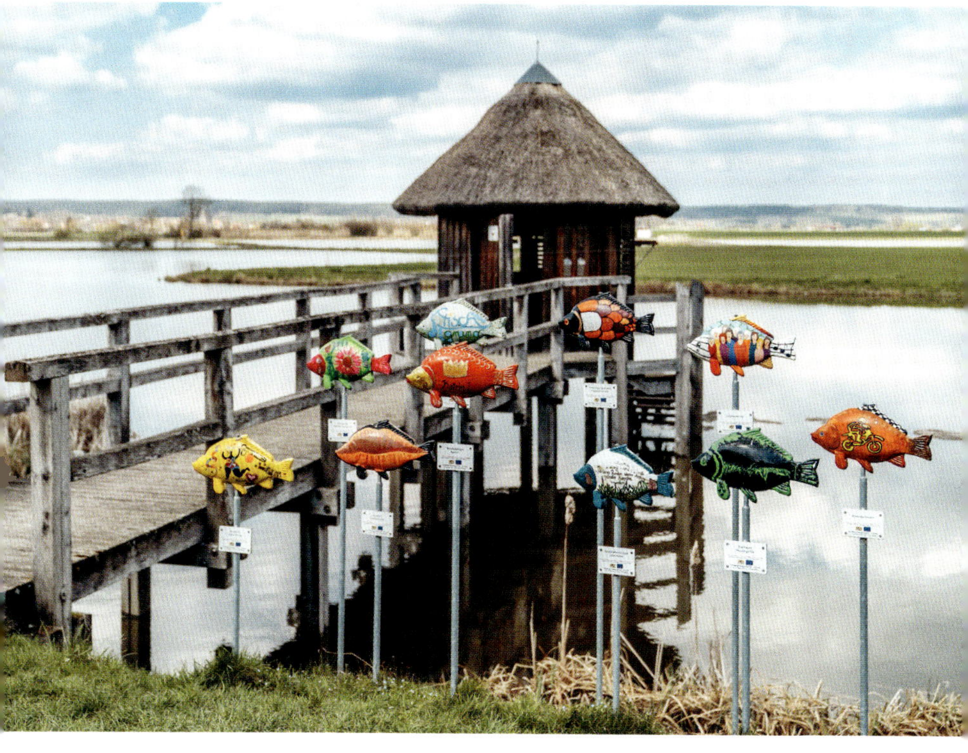

Uehlfelder Storchenlehrpfad

Uehlfeld, Landkreis Neustadt a.d.Aisch-Bad Windsheim

BESTE ZEIT

Zu jeder Jahreszeit. Zur Vogelbeobachtung von März bis September.

START & ANREISE

Voggendorfer Felsenkeller, Parkplatz gleich daneben, Mühlenstr., 91486 Uehlfeld.

ÖPNV: Diverse Bahnlinien bis/ab *Neustadt a. d. Aisch.* Anschließend mit der Buslinie 127 bis *Uehlfeld Torhaus.*

WOMIT BIN ICH UNTERWEGS?

Zu Fuß (oder Fahrrad).

LÄNGE & DAUER

Für den etwa 7,5 Kilometer langen Spaziergang braucht man ca. zwei Stunden.

WAS NEHME ICH MIT?

Sonnen-/Regenschutz, evtl. Fernglas zur Vogelbeobachtung und ausreichend zu trinken.

GUTES ESSEN

Braugaststätte Prechtel in Uehlfeld: Von Sep-Apr wird hier der für die Region typische Aischgründer Karpfen serviert. Jeden Donnerstag gibt es Schlachtschüssel. Dazu schmeckt ein Bier aus der Familienbrauerei im Aischgrund. brauerei-prechtel.de

Voggendorfer Felsenkeller in Voggendorf: Bei schönem Wetter genießt man im Biergarten des Bierkellers der *Brauerei Prestel* Elis Meisterwerke der Brotzeitkunst. Der süffige Gerstensaft kommt direkt aus den Höhlen unter dem Berg. brauerei-prechtel.de

Brauerei Zwanzger in Uehlfeld: Bereits in 12. Generation wird hier gebraut. Neben Bierspezialitäten gibt es auch leckere fränkische Schmankerl. Sehr zu empfehlen ist der Schweinebraten in Hausbräusoße und das Uehlfelder Krenschnitzel. brauerei-gasthof-zwanzger.de

Uehlfeld, Landkreis Neustadt a.d.Aisch-Bad Windsheim

LILLACHQUELLE

Eine einfache, aber dennoch abwechslungsreiche Wanderung für die ganze Familie verspricht der Ausflug zur Lillachquelle und den spektakulären Sinterterrassen bei Weißenohe.

Nach dem *Gasthaus zum Lillachtal* im Ortsteil **Dorfhaus** gehts links in den *Lillinger Weg* und dann sehen wir auch schon das erste Schild, das uns den Weg zu den Sinterterrassen weist.

Zuerst führt uns dieser an der **Milchtankstelle** vom *Bauernhof Hänfling* vorbei, wo wir uns mit herzhaften Lillachtaler Spezialitäten für ein Picknick eindecken. Immer an der sanft plätschernden **Lillach** entlang geht es dann durchs **Lillachtal** zu den **Sinterterrassen** – erst noch ganz flach, dann steigt der Weg leicht, aber stetig an.

Über einen Holzsteg und einige Steintreppen führt der Weg zu zwei **Aussichtspunkten** an den oberen Kalkbecken, die zum Innehalten einladen. **Hinweistafeln** informieren über die Entstehung der Sinterterrassen und bedrohte Tier- und Pflanzenarten, die hier heimisch sind. Dazu zählen seltene Libellenarten, Lurche, Schlangen und Wasseramseln.

Flach zieht sich der Weg dann bis hin zu einer Lichtung im Wald und plötzlich ist der Bach verschwunden. Wo ist er nur hin? Eben hier ist die **Lillachquelle** – die glasklare Lillach entspringt direkt unter den Bäumen aus einer Felsspalte im hinteren Teil der Lichtung. Wir durchwaten das seichte, kühle Wasser, denn hier ist das Betreten der Lillach ausnahmsweise erlaubt – was für eine herrliche Belohnung für die Füße!

BESTE ZEIT

Im Frühling. Idealerweise unter der Woche, am Wochenende ist hier einiges los.

Im Sommer ist die Lillach meist wasserarm und die Sinterstufen sind ausgetrocknet.

START & ANREISE

Parkplatz an den Sinterstufen, Dorfhauser Str. 46, 91367 Weißenohe. Ist dieser bereits voll, parkt man am Wanderparkplatz Weiherstr. 9 oder Parkplatz Bahnhofstr. 6, 91367 Weißenohe.

ÖPNV: Mit der Gräfenbergbahn (RB21) von *Nürnberg Nordostbahnhof* nach *Weißenohe.*

WOMIT BIN ICH UNTERWEGS?

Zu Fuß.

LÄNGE & DAUER

Etwa sechs Kilometer langer Spaziergang, ca. zwei Stunden.

WAS NEHME ICH MIT?

Bequemes Schuhwerk, Regen-/Sonnenschutz, ausreichend zu trinken.

GUTES ESSEN

Im Wirtshaus *Klosterbrauerei Weißenohe* werden traditionelle fränkische Spezialitäten und süffiges Bier aus der eigenen Brauerei serviert. Sehr lecker ist das knusprige Schäufele (gibts aber nur am Wochenende). https://wirtshaus-weissenohe.business.site

Leckere hausgemachte Kuchen, Flammkuchen aus dem Steinofen und typisch fränkische Gerichte gibts im *Gasthaus zum Lillachtal.* zum-lillachtal.de

EXTRA-TIPP

An den Ställen vom *Bauernhof Hänfling* steht eine Milchtankstelle (Münzgeld und 5+10 € Scheine). Wir packen also eine leere Flasche ein, um hier Milch direkt von der Kuh zu «tanken» – so frisch gibts die sonst nirgends! An den Automaten nebenan freuen wir uns über noch mehr leckere Spezialitäten vom Bauernhof: Käse, Wurst und auch Eis aus eigener Milch. Besonders lecker ist das Eis mit Kürbiskernöl und karamellisierten Walnüssen. haenfling.de

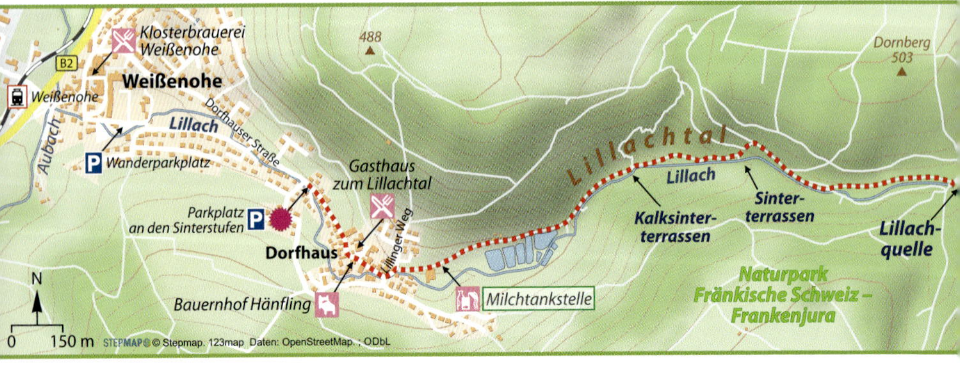

Lillachquelle
Weißenohe, Landkreis Forchheim, Fränkische Schweiz

SINTERTERRASSEN AM MORITZBACH-WASSERFALL

Ein kraftvoller Ort mit heilenden Kräften für kleine Momente voller Magie – besonders nach starken Regenfällen, wenn sich das plätschernde Bächlein in einen ausgewachsenen Wasserfall verwandelt.

Am Wanderparkplatz bei **Leutenbach** begrüßt uns das schmuckvolle Jesus-Kreuz. Gleich daneben befindet sich die mit einer kleinen Kapelle ummauerte **Moritzquelle.** Sie wird auch das Orakelbrünnlein des Heiligen Moritz genannt. Der Quelle werden nämlich heilende Kräfte zugeschrieben – das Wasser soll Hautkrankheiten und Augenleiden lindern. Wirft man ein Stöckchen ins Wasser und spricht dabei einen Wunsch aus, so soll dieser in Erfüllung gehen, wenn das Stöckchen oben schwimmt. Geht es unter, so ist dies ein böses Omen. Auch das Trinken des Wassers bringt angeblich Unglück!

Glücklich macht uns hingegen der Abstecher über den **Kanzlersteig** zum **Burgstein.** Von der Burg, die hier einst stand, sind nur ein paar kümmerliche Reste übrig, doch genießt man von diesem schönen Flecken Erde einen phänomenalen **Ausblick** aufs **Walberla** (markanter Tafelberg östlich von Forchheim und «Tor zur Fränkischen Schweiz»).

Zurück am Parkplatz nehmen wir den Weg zur **Kapelle St. Moritz,** liebevoll «Moritzla» genannt, die man mit Voranmeldung besichtigen kann. Von dort folgen wir dem Weg und hören alsbald das fröhliche Plätschern des **Moritzbachs,** der sich kurz darauf rechts von uns seinen Weg über einige Sinterstufen ins Tal bahnt. Über die Treppen folgen wir dem Wasserlauf und bestaunen dieses Naturschauspiel. Ein wunderbar kraftvoller und magischer Ort.

BESTE ZEIT
Zu jeder Jahreszeit schön. Nach starken Regenfällen ist der Wasserfall jedoch spektakulär und auch im Winter, wenn der Wasserfall zu Eis erstarrt.

START & ANREISE
Wanderparkplatz Naturpark Ortspitz Nord-Ost, 91359 Leutenbach.

ÖPNV: Mit der S-Bahn S1 von Nürnberg nach *Forchheim*, dann Bus 223 nach *Leutenbach*. Von dort sind es rund 10 Minuten zu Fuß zu den Sinterterrassen am Moritzbach-Wasserfall.

WOMIT BIN ICH UNTERWEGS?
Zu Fuß.

LÄNGE & DAUER
Ein kurzweiliger Spaziergang.

WAS NEHME ICH MIT?
Bequemes, festes Schuhwerk, Regenschutz, ausreichend zu trinken und evtl. Proviant. Einkehrmöglichkeiten gibt es weit und breit nicht.

PRETZFELDER KIRSCHENWEG

Vielseitig ist eine Wanderung entlang der Trubach und dem Weißenbach – wir wandern durch ein schneeweißes Blütenmeer, bestaunen das Naturschauspiel der Sinterkaskaden in Wannbach und lassen den Tag im Biergarten auf dem Bierkeller ausklingen.

Immer der Wegmarkierung Kirsche folgend, geht es zunächst hoch auf den Berg und tief in den Wald hinein – vorbei an den für die **Fränkische Schweiz** so typischen Kellern, in denen damals wie heute Bier gelagert wird.

Alsbald treffen wir auf eine hohe Mauer, wohinter sich der **Jüdische Friedhof** von **Pretzfeld** versteckt, ein Ort, um eine Weile innezuhalten.

Durch den Wald erreichen wir kurz darauf eine Lichtung. Der erste **Kirschgarten** auf dem Weg ist im Frühling ein schneeweißer Blütentraum.

In zahlreichen Windungen geht es nun zur **Ruine Dietrichstein,** wo wir traumhafte Blicke ins Trubachtal genießen. Anschließend folgen wir dem schmalen, wurzeligen Pfad bergab und erreichen die andere Seite des Tals, wo sich die Landschaft schlagartig ändert. Munter plätschert der **Weißenbach** fortan neben uns ins Tal. Schon bald wird das Wasser mehr, und wir erreichen die **Sinterkaskaden** des Weißenbachs – was für ein Naturschauspiel!

Steil bergab geht es nun entlang der Kaskaden bis **Wannbach,** wo wir den Wald verlassen und durch die Kirschgärten mit ihrem unwiderstehlichen Duft wandern. Der weitere Wegverlauf entlang der **Trubach** wird nun bestimmt von **Kirschgärten** und **Obstplantagen.** Am Horizont erblicken wir nach einer Weile die mächtige **Pfarrkirche** von **Pretzfeld,** dann ist das Ziel nicht mehr fern.

Pretzfeld, Landkreis Forchheim, Fränkische Schweiz

BESTE ZEIT

Eigentlich das ganze Jahr. Am reizvollsten Mitte/ Ende April zur Blüte und während der Kirschernte.

START & ANREISE

Parkplatz Kirschenweg beim Pretzfelder Keller, St2260, 91362 Pretzfeld.

ÖPNV: Mit der S-Bahn (S1) nach *Forchheim* und dort mit RB22 nach *Pretzfeld.* Vom Bahnhof sind es 15 Min. zu Fuß zum Pretzfelder Keller.

LÄNGE & DAUER

Für diese etwa 11 km lange Rundwanderung sollte man rund drei Stunden einplanen.

WOMIT BIN ICH UNTERWEGS?

Zu Fuß.

WAS NEHME ICH MIT?

Bequeme und feste Schuhe, Sonnen- und Regenschutz, ausreichend zu trinken und evtl. Proviant.

GUTE ESSEN

Der *Pretzfelder Keller* hat Kultstatus. Die einen kommen wegen des grandiosen Ausblicks auf die Fränkische Schweiz, die anderen wegen des süffigen Bieres aus der Brauerei Nikl und wieder andere wegen der leckeren fränkischen Brotzeiten. Im Gegensatz zu den meisten anderen Bierkellern der Region werden auch Vegetarier und Veganer kulinarisch verwöhnt. Freitags gibt es frischen Fisch vom Grill, samstags Haxn, Sau am Spieß oder auch Ente vom Grill.
pretzfelderkeller.de

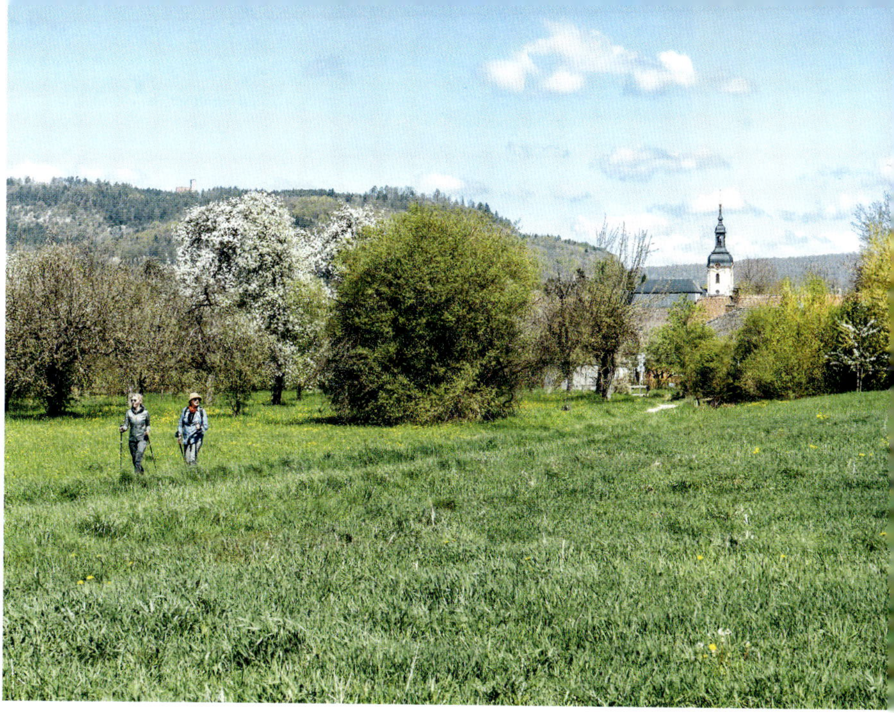

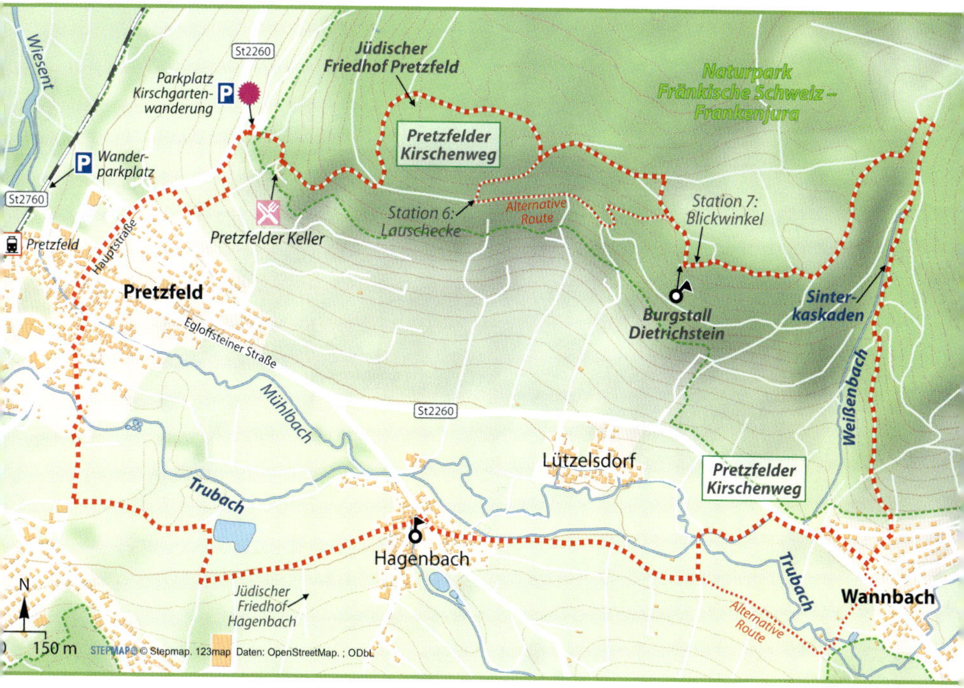
Wiesent
St2260
Jüdischer Friedhof Pretzfeld
Naturpark Fränkische Schweiz – Frankenjura
Parkplatz Kirschgarten-wanderung
Wander-parkplatz
St2760
Pretzfelder Kirschenweg
Pretzfeld
Hauptstraße
Pretzfelder Keller
Station 6: Lauschecke
Alternative Route
Station 7: Blickwinkel
Pretzfeld
Burgstall Dietrichstein
Sinter-kaskaden
Egloffsteiner Straße
Mühlbach
St2260
Weißenbach
Lützelsdorf
Pretzfelder Kirschenweg
Trubach
Hagenbach
Trubach
Wannbach
N
Jüdischer Friedhof Hagenbach
Alternative Route
150 m
STEPMAP © Stepmap. 123map Daten: OpenStreetMap. ; ODbL

DURCHS TRUBACHTAL

Besonders schön ist die Wanderung durch das Trubachtal vorbei an Ritterburgen, Mühlen, spannenden Felsformationen, Stromschnellen und fränkischen Dörfern – das Wasser begleitet uns hier auf Schritt und Tritt.

Der abwechslungsreiche **Wanderweg** entlang der **Trubach** zählt zu den schönsten in der **Fränkischen Schweiz.** Der kleine Mittelgebirgsfluss weist uns dabei stetig den Weg von Obertrubach über Egloffstein und viele malerische Dörfer bis nach Pretzfeld.

Los geht's an der **Trubachquelle** am Ortsausgang von **Obertrubach** und von da an immer gen Westen, vorbei an ganzen 19 Mühlen und Burgen, die teils bis heute von alten Adelsfamilien bewohnt werden. Entlang des Weges informieren Ritterschilder über die Geschichte.

Eines der Highlights auf dieser Wanderung ist der Luftkurort **Egloffstein** mit der imposanten Burg, die malerisch auf einer Felsnase über dem **Trubachtal** liegt. Staunen lässt uns auch der paradiesische **Barockgarten** im Paradiesweg.

Ab **Schweinthal** gelangen wir ins **Untere Trubachtal,** wo schmucke Dörfer und Obstgärten das Landschaftsbild prägen.

Breiter wird das Tal ab **Zaunsbach,** doch nicht uninteressanter, denn jeder Ort entlang des Weges hat, geprägt durch die wechselhafte Geschichte, sein ganz eigenes Flair.

Alsbald erblicken wir dann den Turm der Barockkirche von **Pretzfeld** und erreichen unser Ziel. In Pretzfeld nimmt die Wiesent die Trubach auf – für ihr Wasser ist es aber noch lange nicht das Ende.

Durchs Trubachtal
Obertrubach, Egloffstein, Pretzfeld, Landkreis Forchheim, Fränkische Schweiz

BESTE ZEIT
Zu jeder Jahreszeit.

START & ANREISE
Trubachquelle.

Parken am Kletter-Infozentrum, St2260, 91286 Obertrubach oder entlang der Hauptstraße.

ÖPNV:
Hinweg: Mit dem Regionalzug bis *Bhf Pegnitz.* Von dort Bus 391 bis Haltestelle *Obertrubach.*

Rückweg: Von Pretzfeld geht es mit Bus 222 nach *Forchheim* und dann mit der S1 zurück nach *Nürnberg.*

WOMIT BIN ICH UNTERWEGS?
Zu Fuß.

LÄNGE & DAUER
Für die 20,5 km lange Wanderung braucht man ca. 6 Std.

WAS NEHME ICH MIT?
Bequeme Schuhe, Sonnen- und Regenschutz, ausreichend zu trinken, evtl. Proviant.

GUTES ESSEN
Der Kuchen von *Oma Eichler* ist berühmt und sündhaft gut (gibt es nicht immer). gasthof-eichler.de

Superleckere XXL-Windbeutel gibts im urigen *Cafe Holweg* (So 12-18 Uhr).

Wer es gerne deftig mag: Der *Gasthof Mühlhäuser* in Wannbach serviert gutbürgerliche fränkische Spezialitäten, Wildgerichte, Karpfen und Forellen und edle Tropfen aus eigener Brennerei. gasthof-muehlhaeuser.de

EXTRA-TIPP
Osterbrunnen: Ein einmaliger Brauch ist das *Schmücken der Brunnen und Quellen* in der Fränkischen Schweiz *zur Osterzeit* – dann zeigt sich in der Region praktisch kein Brunnen «oben ohne». Seit über 100 Jahren werden die Brunnen mit Blumen, Fichtenzweigen, Girlanden, Penserla (zu Büscheln gebundene Papierbänder) und bunt bemalten Eiern geschmückt. Mit dem Dekorieren zeigt man die Wertschätzung für das kostbare Wasser. In Obertrubach gibt es gleich mehrere Osterbrunnen, ganz besonders schön geschmückt ist aber jedes Jahr die *Trubachquelle.*

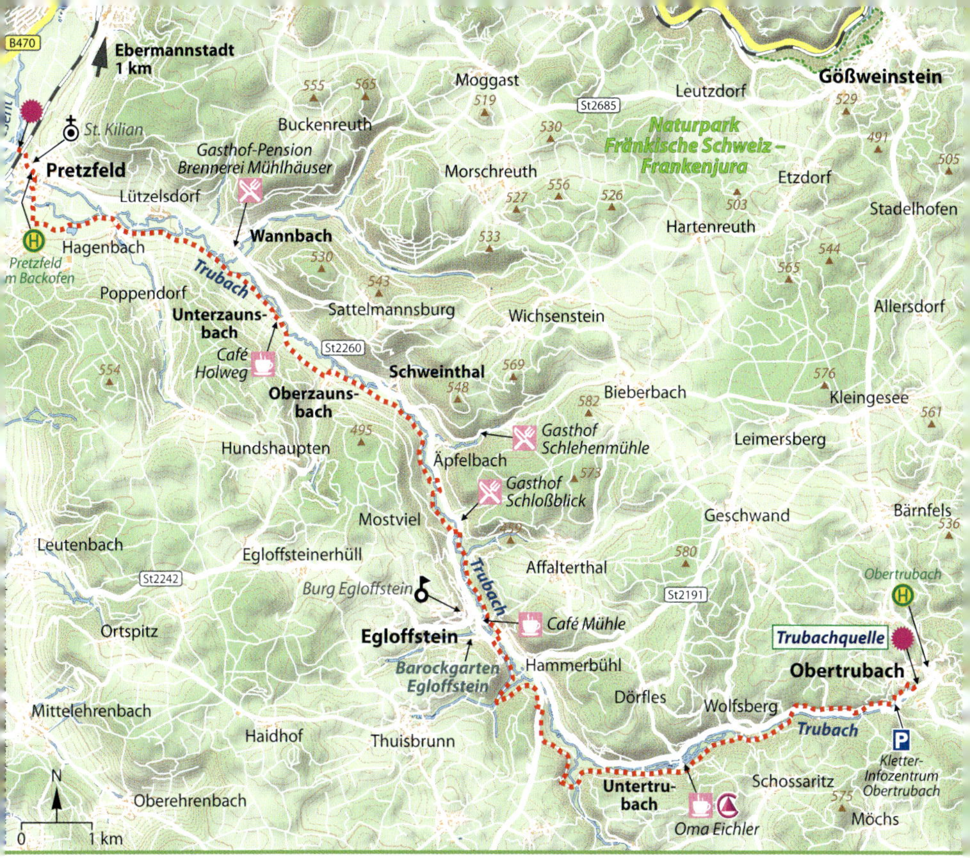

B470
Ebermannstadt 1 km
St. Kilian
Pretzfeld
Gasthof-Pension Brennerei Mühlhäuser
Buckenreuth
555
565
Moggast
519
St2685
Leutzdorf
Gößweinstein
529
530
Naturpark Fränkische Schweiz – Frankenjura
491
505
Morschreuth
556
527
526
Etzdorf
503
Stadelhofen
Lützelsdorf
Hartenreuth
Wannbach
Pretzfeld im Backofen
Hagenbach
533
544
530
565
Trubach
543
Poppendorf
Sattelmannsburg
Wichsenstein
Allersdorf
Unterzaunsbach
Café Holweg
St2260
554
Schweinthal
569
548
576
Bieberbach
582
Kleingesee
Oberzaunsbach
561
495
Gasthof Schlehenmühle
Hundshaupten
Leimersberg
Äpfelbach
573
Gasthof Schloßblick
Mostviel
Geschwand
Bärnfels
536
Leutenbach
Egloffsteinerhüll
580
Affalterthal
St2242
Trubach
St2191
Obertrubach
Burg Egloffstein
Café Mühle
Ortspitz
Egloffstein
Trubachquelle
Obertrubach
Hammerbühl
Barockgarten Egloffstein
Dörfles
Wolfsberg
Mittelehrenbach
Trubach
Haidhof
Thuisbrunn
Schossaritz
Kletter-Infozentrum Obertrubach
Untertrubach
575
N
Oberehrenbach
0
1 km
Oma Eichler
Möchs

AUF DEM ERZWEG VON MICHELFELD NACH AUERBACH

Kaum vorstellbar, dass das «Ruhrgebiet des Mittelalters» in der Oberpfalz lag, oder? Ist aber so, und die geradezu bizarr anmutenden Reste eines der wichtigsten Eisenzentren Mitteleuropas erkunden wir auf dieser Wanderung.

Seit dem 13. Jahrhundert war die Oberpfalz durch ihre Vorkommen an Eisenerz und Braunkohle eines der wichtigsten Eisenzentren Mitteleuropas und wird auch «Ruhrgebiet des Mittelalters» genannt. Der **Erzweg** verbindet heute diese Stätten uralter Bergbautradition und bindet die faszinierende Kultur und die reizvolle Landschaft mit ein.

Am ehemaligen **Kloster Michelfeld** mit der von den Brüdern Asam reich im Barockstil ausgestatteten Kirche, beginnen wir unsere Wanderung nach Auerbach – eine der schönsten Etappen des Erzwegs.

An **Saaß** vorbei, führt uns der Weg ins **Speckbachtal,** wo das *Felsländl* mit seinen hoch aufgetürmten und bizarr durchlöcherten Felswänden einen fantastischen Picknickplatz abgibt.

Kurz danach erkennen wir bereits den Förderturm der 1987 stillgelegten **Grube Leonie** in der Ferne und erreichen alsbald die einstmals reichhaltigste Eisenerzlagerstätte Deutschlands.

Nach Stilllegung des Bergwerks stürzten die beim Abbau entstandenen Hohlräume teils ein, und es entstanden Senken und Verwerfungen, die sich ungestört zu einem Lebensraum für zahlreiche bedrohte Tier- und Pflanzenarten entwickelt haben. Ein **Holzsteg** führt uns zu einigen der eindrucksvollsten Dolinen und anschließend am **Naturschutzgebiet** vorbei, welches von Heckrindern und urtümlichen Exmoor-Pferden beweidet wird.

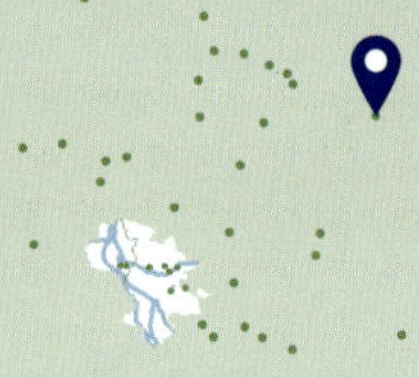

BESTE ZEIT
Zu jeder Jahreszeit.

START & ANREISE
Kloster Michelfeld, Asamweg 3, 91275 Auerbach i.d.OPf..

Parkplätze finden sich am Strassenrand rund um das Kloster.

ÖPNV:

Hinweg: Mit der Regionalbahn bis *Bhf Pegnitz.* Von dort Bus 450 bis Haltestelle *Michelfeld/ Abzweigung Asamweg.*

Rückweg: Von der Haltestelle *Neptunplatz* in Auerbach geht es mit Bus 450 zurück zum *Bhf Pegnitz.*

WOMIT BIN ICH UNTERWEGS?
Zu Fuß.

LÄNGE & DAUER
Etwa neun Kilometer langer Spaziergang, ca. zweieinhalb Stunden.

WAS NEHME ICH MIT?
Feste Schuhe, Regen-/ Sonnenschutz, ausreichend zu trinken und evtl. Proviant.

EXTRA-TIPP
Die Kreisgruppe Amberg-Sulzbach des Landesbundes für Vogelschutz bietet auf Anfrage tolle Führungen durch das sonst unzugängliche *Naturschutzgebiet Grubenfelder Leonie* an. lbv.de/lbv-vor-ort/oberpfalz/kreisgruppe-amberg-sulzbach

Die Wanderung lässt sich gut mit dem Besuch des *Bergbaumuseums Maffeischächte* verbinden. Die Schachtanlage Grube Maffei in Nitzlbuch bei Auerbach war ein weiteres bedeutendes Eisenerzbergwerk. Die noch erhaltenen Fördertürme sind die ältesten ihrer Art in Bayern. In der Erlebnisschaustollenanlage kann man sich wie unter Tage fühlen, und wer möchte, darf sogar selbst den Bohrhammer zum Bohren der Sprenglöcher ansetzen. Darüber hinaus informiert das Museum über die Geschichte des Erzbergbaus in Auerbach, das Bergwerk, die Grubenstilllegung und den Arbeitskampf der Kumpel. maffeispiele.de

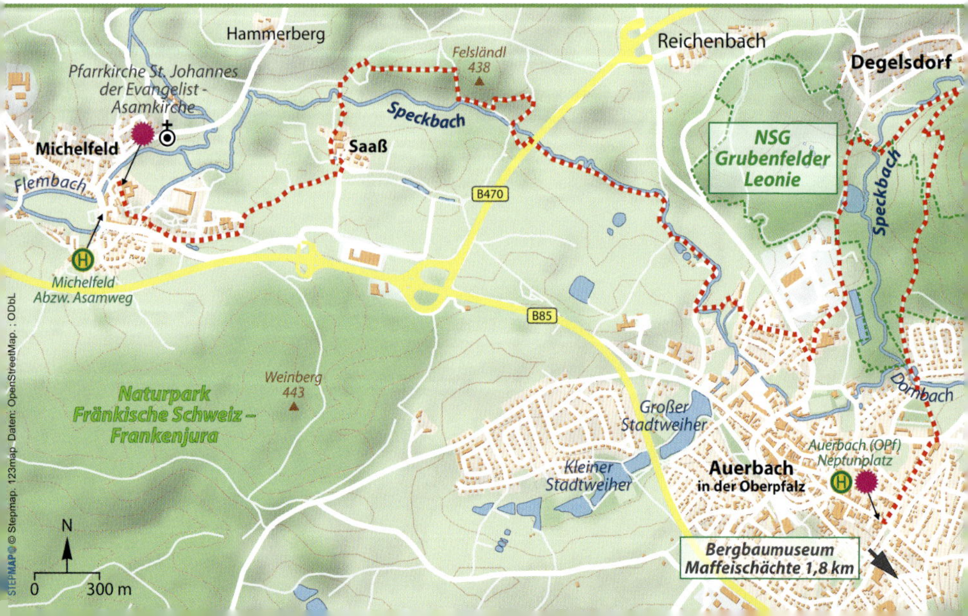

Hammerberg
Pfarrkirche St. Johannes der Evangelist - Asamkirche
Michelfeld
Flembach
Saaß
Speckbach
Felsländl 438
Reichenbach
Degelsdorf
NSG Grubenfelder Leonie
Speckbach
B470
B85
Michelfeld Abzw. Asamweg
Weinberg 443
Naturpark Fränkische Schweiz – Frankenjura
Großer Stadtweiher
Kleiner Stadtweiher
Dornbach
Auerbach (OPf) Neptunplatz
Auerbach in der Oberpfalz
Bergbaumuseum Maffeischächte 1,8 km
N
0
300 m
STEPMAP © Stepmap, 123map, Daten: OpenStreetMap, ODbL

KLUMPERTAL & SCHÖNGRUNDSEE

Tief eingeschnittene, von hohen Felsen gesäumte, romantische Täler gehören zum besonderen landschaftlichen Reiz der Fränkischen Schweiz – eines der schönsten ist das Klumpertal.

Schon vor 200 Jahren erkannte Freiherr von Guttenberg, Besitzer des Schlosses Kühlenfels, die landschaftliche Schönheit des **Klumpertals** und ließ dort einen englischen Landschaftsgarten anlegen. Eremitage, Bogenbrücke, Tempelchen und Klumpermühle – als «klumpern» bezeichnete man früher mundartlich das Klappern eines Mühlrades – sind längst verschwunden, doch das romantische Klumpertal hat seine Anziehungskraft nicht verloren.

Vom gut besuchten *Kiosk Zum Klumpertal* folgen wir zunächst dem asphaltierten Weg zur **Mittelmühle.** Von dort gehts talaufwärts, immer am **Weihersbach** entlang, ins idyllische **Klumpertal.** Wir passieren die Überreste der **Klumpermühle,** zahlreiche Forellenteiche und die Quelle des Weihersbaches. An der Wegkreuzung steil links geht der Weg zu den **Jägersteigen,** die uns durch bizarr anmutende Felsformationen führen und ungeahnte Ausblicke ins Klumpertal bieten.

Zurück im Tal durchqueren wir erneut die *Mittelmühle* und laufen zurück zum Ausgangspunkt und noch ein Stück weiter zum **Schöngrundsee.** Nach Ende des Zweiten Weltkrieges wurde der Schöngrundsee für die heimische Forellenzucht genutzt, bis er sich durch seine idyllische Lage inmitten der mächtigen Felsenkulisse zu einem naherholerischen Geheimtipp entwickelte. Ein Geheimtipp ist der glasklare, türkisblau glitzernde See längst nicht mehr, eine **Bootspartie** ist dennoch eine gute Idee!

BESTE ZEIT

Eigentlich das ganze Jahr. Am reizvollsten aber von Frühjahr bis Herbst.

START & ANREISE

Parkplatz am Kiosk Zum Klumpertal, Schüttersmühle 2, 91278 Pottenstein oder Parkplatz an der St2663, 91278 Pottenstein.

Alternativ Parkplatz an der Teufelshöhle, B470, 91278 Pottenstein.

ÖPNV: Mit der Regionalbahn von Nürnberg nach *Pegnitz*. Von dort mit dem Bus 389 bis Haltestelle *Schüttersmühle B470*.

LÄNGE & DAUER

Für diese gut 3 km lange Rundwanderung sollte man etwa 1,5 Stunden einplanen.

Mit Abstecher hinterher zum Schöngrundsee besser einen halben Tag.

Rundweg (leicht alpin) mit Jägersteig, Markierung: Schwarzer Ring.

Alternativ: 3 km gemütliche Talwanderung (barrierefrei, kinderwagentauglich) Markierung: Roter Ring.

WOMIT BIN ICH UNTERWEGS?

Zu Fuß und später am/auf dem Wasser.

Der *Bootsverleih am Schöngrundsee* vermietet Ruder- und Tretboote.

WAS NEHME ICH MIT?

Bequeme, feste Schuhe (unbedingt für die Jägersteige), Regen-/Sonnenschutz, ausreichend zu trinken und evtl. Proviant.

GUTES ESSEN

Heiner's Forellenräucherei – geräucherte Regenbogen-, Lachs-, Goldforelle oder Bachsaibling mit leckerem Kartoffelsalat gibts hier von Apr-Nov – und das schon seit über 30 Jahren. Das Rezept für die perfekte Räucherung der Fische ist ein gut behütetes Geheimnis.
forellenraeucherei.com

Sehr leckere geräucherte Forelle mit Meerrettich und Brötchen, Tarte flambée und köstlichen Apfelstreuselkuchen zu unschlagbar günstigen Preisen gibts im kleinen *Kiosk Zum Klumpertal*.
facebook.com/kioskzumklumpertal

EXTRA-TIPP

Von der Straße lässt sich nicht erahnen, dass sich hinter den Jugendstilmauern schräg gegenüber dem Schöngrundsee eines der schönsten Freibäder Deutschlands versteckt: das *Felsenbad Pottenstein.* An warmen Sommertagen packen wir die Badehose ein und genießen das Planschen im Naturbadeteich am Fuße der imposanten Felswand.

Spielt das Wetter mal nicht mit, besichtigt man (im Rahmen einer Führung) die unterirdische Wunderwelt der *Teufelshöhle* – eine der größten Tropfsteinhöhlen Bayerns.
pottenstein.de/teufelshoehle

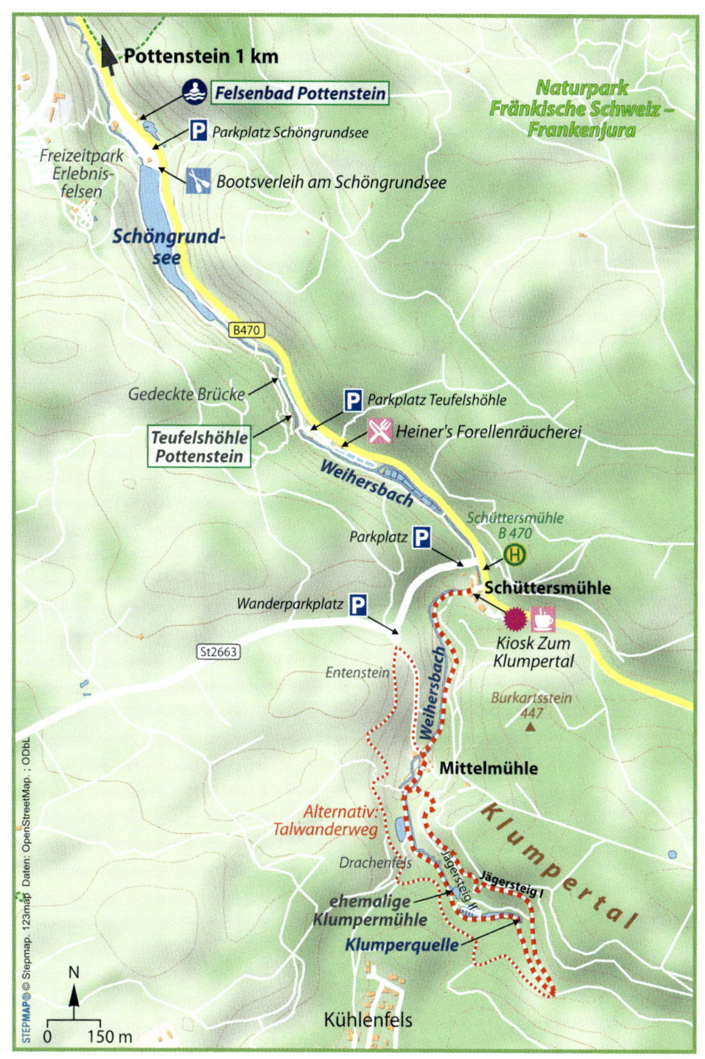
Pottenstein 1 km
Felsenbad Pottenstein
Parkplatz Schöngrundsee
Naturpark Fränkische Schweiz – Frankenjura
Freizeitpark Erlebnisfelsen
Bootsverleih am Schöngrundsee
Schöngrundsee
B470
Gedeckte Brücke
Parkplatz Teufelshöhle
Teufelshöhle Pottenstein
Heiner's Forellenräucherei
Weihersbach
Schüttersmühle B 470
Parkplatz
Schüttersmühle
Wanderparkplatz
Kiosk Zum Klumpertal
St2663
Entenstein
Weihersbach
Burkartsstein 447
Mittelmühle
Alternativ: Talwanderweg
Klumpertal
Drachenfels
Jägersteig II
Jägersteig I
ehemalige Klumpermühle
Klumperquelle
N
0 150 m
Kühlenfels
STEPMAP © Stepmap, 123map Daten: OpenStreetMap ; ODbL

OBERES PÜTTLACHTAL

Ein Spaziergang in Bilderbuchlandschaft, ganz ohne Straßenlärm – denn das Obere Püttlachtal ist komplett autofrei – und am Ende wartet ein großes Stück Kuchen auf uns!

Wir haben uns für einen kleinen **Spaziergang** entschieden, der uns von Pottenstein entlang der Püttlach durch das Obere Püttlachtal führt.

Startpunkt der Tour ist in **Pottenstein** der *Marktplatz*, der uns mit seinen zauberhaften Fachwerkhäusern, der Kirche und dem *Elisabeth-Brunnen* entzückt. An kleinen Gemischtwaren- und Antiquitätengeschäften, die einer anderen Zeit entsprungen scheinen, führt uns der Weg aus dem Ort heraus. Immer am linken Ufer der **Püttlach** entlang geht es ins Obere Püttlachtal, ein unberührtes, idyllisches Tal – verkehrsfrei und ganz Fußgängern und Wanderern vorbehalten.

Bizarr anmutende Felswände begleiten uns auf beiden Seiten des Tals und alsbald erreichen wir die **Freikneippanlage.** Eine herrliche Abkühlung für unsere Füße!

Auf dem Bänkchen an der **Veilchenbrunnenquelle** verweilen wir erneut und lauschen dem vorbeirauschenden Bach.

Am nächsten Holzsteg wechseln wir dann auf die andere Seite des Flusses und machen uns auf den Weg zurück nach Pottenstein. Ein Stopp im **Waldcafé** muss allerdings noch sein. Hier weht ein Hauch von Nostalgie, und der Kuchen schmeckt wie bei Oma – einfach gut!

Oberes Püttlachtal **93**

Pottenstein, Landkreis Bayreuth, Fränkische Schweiz

BESTE ZEIT
Zu jeder Jahreszeit.

START & ANREISE
Marktplatz Pottenstein. Parken auf dem Parkplatz am Schwimmbad oder Parkplatz Am Stadtgraben, 91278 Pottenstein.

ÖPNV: Mit der Regionalbahn von Nürnberg nach *Pegnitz.* Von dort mit Bus 393 oder 389 bis Haltestelle *Pottenstein B470.*

LÄNGE & DAUER
Für diesen etwa 5 km langen Spaziergang sollte man rund anderthalb Stunden einplanen. Mit Cafébesuch noch ein wenig länger.

WOMIT BIN ICH UNTERWEGS?
Zu Fuß.

WAS NEHME ICH MIT?
Bequeme und feste Schuhe, Regen-/Sonnenschutz, ausreichend zu trinken.

GUTES ESSEN
Waldcafé Pottenstein: Malerisch ist der Garten des Cafés (Sa+So 12.30-18 Uhr) direkt an der Püttlach – im Inneren versprüht das Café mit all dem Klimbim und den Spielsachen einen nostalgischen Charme. Herrlich sind auch die Torten, die hier serviert werden, und für die kleinen Wanderer gibt es einen großen Spielplatz.

EXTRA-TIPP
Wer etwas mehr Zeit mitbringt, erkundet die gut erhaltene *Burg Pottenstein* und genießt vom *Burggarten* herrliche Ausblicke über die Stadt und Fränkische Schweiz. burgpottenstein.de

Eines der größten Ereignisse in Pottenstein ist das jährlich am 6. Januar stattfindende *Lichterfest* mit Lichterprozession, Kerzen im Ort und Bergfeuern. Die Kirchengemeinde feiert damit den traditionellen Beschluss der "Ewigen Anbetung" und die einmalige Felsenlandschaft rund um Pottenstein verwandelt sich in ein Meer aus Flammen.

Oberes Püttlachtal 95

Pottenstein, Landkreis Bayreuth, Fränkische Schweiz

VON POTTENSTEIN INS FELSENDORF TÜCHERSFELD

Eine Wanderung zum Felsendorf Tüchersfeld ist wie eine kleine Zeitreise in längst vergangene Zeiten – hohe Felssäulen, die wie steinerne Flammen in den Himmel lodern und bezaubernde Fachwerkhäuser, die sich an die Felsen schmiegen.
Was für eine Kulisse!

An der Jugendherberge **Pottenstein** starten wir die Wanderung auf das Dach der Fränkischen Schweiz durchs moosbewachsene Felsenmeer.

Am Ortsausgang von **Tüchersfeld** folgen wir dem alpinen Steig – klingt schlimmer, als es ist – hinauf auf den **Zeckenstein.** Zunächst heißt es etliche Treppenstufen erklimmen. Dann links zum Grat und anschließend über eine Leiter und an einem dicken Seil durch das Felsentor. Nach der kleinen Holzbrücke haben wir den vielleicht schönsten **Aussichtspunkt** der Region erreicht. Wir lassen unseren Blick über das *Püttlachtal* und den Ort mit dem Wirrwarr aus Häusergiebeln schweifen. Steil aufragende Felsen – die Reste eines Riffs, das zur Jurazeit in einem tropischen Meer wuchs – komplettieren den Postkartenblick. In Tüchersfeld nehmen wir uns dann noch Zeit, den Ort mit seiner imposanten Felsburg zu erkunden, bevor wir den Rückweg durchs Tal immer entlang der **Püttlach** antreten.

Herrlich unaufgeregt geht es zunächst am schäumenden Bach entlang. In der **Bärenschlucht** bestaunen wir die Kletterer, die in den gewaltigen Felswänden hängen. Über mehrere Treppen und unter überhängenden Felsen hindurch führt der Weg wieder hinab ins Tal. Auf dem sich durch ein Felsmassiv windenden alpinen Steig gelangen wir durch ein beeindruckendes Felsentor zur **Kreuzbergkapelle** westlich von **Pottenstein.** Der Ausgangspunkt ist nun nicht mehr fern!

Von Pottenstein ins Felsendorf Tüchersfeld
Pottenstein, Tüchersfeld, Landkreis Bayreuth, Fränkische Schweiz

23

BESTE ZEIT

Von Frühjahr bis Herbst.

START & ANREISE

Parkplatz Jugendherberge Pottenstein, Jugendherbergsstr. 20, 91278 Pottenstein.

ÖPNV: Mit der Regionalbahn von Nürnberg nach *Pegnitz.* Von dort Bus 388 bis Haltestelle *Pottenstein Jugendherberge.*

WOMIT BIN ICH UNTERWEGS?

Zu Fuß.

LÄNGE & DAUER

Rund 12 Kilometer. Eine schöne Halbtagestour.

WAS NEHME ICH MIT?

Festes Schuhwerk, Sonnen-/Regenschutz, ausreichend zu trinken und evtl. Proviant, Fernglas.

GUTES ESSEN

Im urigen *Brotzeitstüberl* (Am Museum 4, 91278 Tüchersfeld/Pottenstein) gibt es, wie es der Name schon verrät, leckere Brotzeitplatten, aber auch feine Bratwürste und hausgemachten Kuchen. Das Brotzeitstüberl ist zudem eine Abkürzung zum Zeckenstein, dafür wird allerdings ein Wegzoll in Form eines kleinen Umsatzes erwartet.

EXTRA-TIPP

Wirklich sehenswert ist das *Fränkische Schweiz-Museum* im sogenannten Judenhof in Tüchersfeld. Das Museum informiert über die Erdgeschichte, Archäologie, Geschichte, Landwirtschaft, Trachten, Handwerk sowie Aberglauben und Brauchtum. Eine Besonderheit ist die originale Dorfsynagoge aus dem 18. Jahrhundert. fsmt.de

Von Pottenstein ins Felsendorf Tüchersfeld
Pottenstein, Tüchersfeld, Landkreis Bayreuth, Fränkische Schweiz

AUF DER WIESENT

Bei einer spritzigen Flusswanderfahrt gleiten wir nahezu schwerelos vorbei an imposanten Felsen, mittelalterlichen Burgen, saftigen Wiesen und Wäldern, meistern kleinere und größere Stromschnellen und erleben die landschaftliche Schönheit der Fränkischen Schweiz vom Kajak aus.

Leinen los! Flussabwärts paddeln wir von der Einstiegsstelle unterhalb der **Versturzhöhle Riesenburg** bei **Engelhardsberg,** durch das **Wiesenttal** mit seinen Flusswindungen und wilden Felsformationen, bis zum ersten **Wehr** an der romantisch gelegenen **Schottersmühle.** Wo früher Pferdekutschen hielten, treffen sich heute Flusswanderer zu Kaffee und Kuchen.

Kleinere **Stromschnellen** und überhängende Äste fordern uns auf dem nächsten Abschnitt heraus. Wir umtragen den **Wölmer Steg** und die **Behringersmühle,** dann beginnt der vielleicht reizvollste Flussabschnitt. Hoch über uns thront die eindrucksvolle **Burg Gößweinstein,** um uns herum flattern Hunderte blaue Schmetterlinge und Libellen.

Geschickt unterfahren wir die **Fußgängerbrücke** an der **Stempfermühle** links und bald darauf die imposante **Hindenburgbrücke,** bevor wir an der **Sachsenmühle** ein weiteres **Wehr** umtragen müssen. Die halbe Strecke ist nun gemeistert und der schöne Biergarten an der Sachsenmühle lädt zur Mittagspause am Fluss ein.

Gut gestärkt geht es an steilen Kletterfelsen und der **Burggaillenreuth** vorbei. Dabei gibt es die ein oder andere **Stromschnelle** zu bezwingen. Bei Flusskilometer 28,7 bekommt man es mit einer alten **Baumfurt** und etwas **Wildwasser** zu tun. Kurz vor **Muggendorf** heißt es dann Kopf einziehen – viel Platz ist zwischen Wasser und Brücke nicht. Am Ortseingang umtragen wir das letzte **Wehr,** dann sind es nur noch wenige Minuten zum Ziel.

Engelhardsberg, Behringersmühle, Gößweinstein, Burggaillenreuth, Muggendorf, Landkreis Forchheim, Fränkische Schweiz

BESTE ZEIT

Flusswanderungen sind nur von Mai-Sep, in Fließrichtung von 9-17/18 Uhr erlaubt. fraenkische-schweiz.com/de/erleben/aktiv/kanufahren

START & ANREISE

Bei *Aktiv Reisen* an der Ausstiegsstelle in Muggendorf direkt am Parkplatz (Am Bahnhof, 91346 Wiesenttal). Mit dem Bus des Kanu-Vermieters geht es von dort zur Einstiegsstelle.

ÖPNV nach Muggendorf: Kompliziert. Mit der S-Bahn (S1) nach *Forchheim*, von dort Regionalbahn (RB22) nach *Ebermannstadt* und dann mit Bus 389 bis Haltestelle *Forchheimer Str./Muggendorf*.

WOMIT BIN ICH UNTERWEGS?

Mit dem Kajak/Canadier, die man hier mietet: *Aktiv Reisen* in Muggendorf mit Transfer. aktiv-reisen.com

Weiterer Tourenanbieter: *Kajakverleih Leinen Los* am Bahnhof Behringersmühle / Gößweinstein. leinen-los.de

LÄNGE & DAUER

Für die 14 Kilometer benötigen wir inklusive Umtragen an den 5 Wehren/Brücken rund 4 Stunden und Pause(n).

Kürzere Mühlentour (ca. 2 Std.) auch möglich.

Leinen Los bietet eine Tour von Behringersmühle bis Streitberg (alternativ nur bis Muggendorf) an.

WAS NEHME ICH MIT?

Kleidung und Schuhe werden auf dieser Kajaktour definitiv nass! Geeignetes Schuhwerk (keine Flip-Flops) ist für das Umtragen an den Wehren wichtig, Wechselkleidung (wasserdicht verpackt) ist zu empfehlen.

Außerdem: Sonnen-/Regen-/Mückenschutz, ausreichend zu trinken und evtl. Proviant.

GUTES ESSEN

In der *Sachsenmühle* gibts (Ende Apr-Mitte Sep tägl. von 12-18 Uhr) leckere kalte Brotzeiten wie Wurstsalat, hausgemachter Obatzda und Ziebeleskäse, dazu Bier der Brauerei Ott und herrliches Fränkische-Schweiz-Panorama. facebook.com/Sachsenmuehle

Immer gut besucht ist das *Brückla* in Muggendorf, ein hübscher Biergarten mit Schatten spendenden Obstbäumen direkt an der Wiesent. Auf der kleinen aber feinen Speisekarte stehen mediterrane und traditionelle fränkische Speisen. Sehr lecker fanden wir die Cevapcici und die Portion war üppig. facebook.com/brueckla

EXTRA-TIPP

In der *Schottersmühle* finden regelmäßig Konzerte und Lesungen statt. Ebenso werden Workshops und Kurse (z. B. Yoga und Tanz) angeboten. An den Mühlenwochenenden kann man in einem der sechs liebevoll gestalteten Zimmer übernachten und mal ohne Handyempfang komplett entschleunigen. Jedes zweite und vierte Wochenende im Monat (Sa 11-18, So 11-16 Uhr) gibt es köstlichen hausgemachten Kuchen, Kaffee, leckere Brotzeiten und Bier. Wer kein Bier nach seinem Geschmack findet, kann aus der angeblich längsten Spezi-Karte Deutschlands wählen. dieschottersmühle.de

Aktiv Reisen
Muggendorf Forchheimer Str.
Brückla
Muggendorf
umtragen links
Hohler Berg 522
Versturzhöhle Riesenburg
Wanderparkplatz an der Riesenburg
Einstieg Riesenburgtour
St2191
Naturpark Fränkische Schweiz – Frankenjura
St2185
Unterailsfeld
Ailsbach
umtragen links
Wiesent
Hungenberg
Engelhardsberg
Schottersmühle
B470
Wiesent
Wohlmannsgesees
Fußgängerbrücke über die Wiesent
Wölmer Steg, umtragen links
Wölm
Kohlstein
Naturwehr Baumfurt
Püttlach
Hohler Berg 469
Moritz
Behringersmühle
Ellersberg 539
Hohlberg 538
Burggaillenreuth
Burg Gaillenreuth
Schlossberg 473
umtragen rechts
Einstieg Mühlentour
Leinen Los
Windischgaillenreuth
umtragen rechts
Sachsenmühle
Wiesent
NSG
Stempfermühle links fahren
Gößweinstein
Moggast
Hindenburgbrücke
Ludwigshöhe 508
Leutzdorf
Burg Gößweinstein
N
0 500 m

Historische Dampfbahn

Mit Volldampf durch die Fränkische Schweiz! Wer das romantische Wiesenttal von seiner schönsten Seite erleben möchte, bricht auf zu einer Zugfahrt mit der Museumsbahn Ebermannstadt.

Eine Zugreise der besonderen Art ist die knapp einstündige Fahrt von **Ebermannstadt** nach **Behringersmühle** im Herzen der **Fränkischen Schweiz!**

Auf der romantischen Fahrt entlang der **Wiesent** bestaunen wir zauberhafte Fachwerkhäuser, die Ruine der hochmittelalterlichen Adelsburg **Streitburg** und die gleich gegenüberliegende **Burgruine Neideck** – das Wahrzeichen der Fränkischen Schweiz. In **Muggendorf** sitzen die Menschen im *Brückla,* einem der schönsten Biergärten der Region, in der Sonne und winken den Kanufahrern auf der Wiesent fröhlich zu.

Wir genießen den Blick auf **Burggaillenreuth,** imposante Felsen und Höhlen, die **Sachsenmühle** und überqueren die spektakuläre, 155 Meter lange, eiserne **Hindenburgbrücke,** die die Wiesent unterhalb der **Burg Gößweinstein** in einem Bogen überspannt. Kurz darauf erreichen wir dann auch schon **Behringersmühle** – unser Ziel. Von dort geht es wieder zurück. Eine tolle Fahrt!

Ebermannstadt, Streitberg, Muggendorf, Burggaillenreuth, Gößweinstein, Behringersmühle, Landkreis Forchheim, Fränkische Schweiz

BESTE ZEIT

An Dampf-Betriebstagen, wenn die Züge mit der historischen kohlebefeuerten Dampflok 64 491 oder die Hanomag Typ Ploxemam fahren.

Unbedingt auf der Website über die Betriebstage informieren: dampfbahn.net

START & ANREISE

Parkplatz Bahnhof Ebermannstadt, Bahnhofplatz 1, 91320 Ebermannstadt

ÖPNV: Mit der S-Bahn (S1) nach *Forchheim*, von dort mit der Regionalbahn (RB22) zum *Bhf Ebermannstadt.*

WOMIT BIN ICH UNTERWEGS?

Mit der Dampflok.

WAS NEHME ICH MIT?

Evtl. Wanderschuhe, Fotoapparat/Handy.

GUTES ESSEN

Im *Wiesent-Garten,* einem idyllischen Biergarten im historischen Scheunenviertel von Ebermannstadt, werden zünftige fränkische Brotzeiten und leckere Spezialitäten vom Grill (freitags auch gegrillter Fisch) serviert. wiesent-garten.de

Im Biergarten der *Sachsenmühle* gibt es bei herrlichstem Fränkische-Schweiz-Panorama zur Stärkung fränkische Brotzeiten und Bier der Brauerei Ott aus Oberleinleiter. Warme Gerichte gibt es nicht. Spezialitäten sind: Wurstsalat, hausgemachter Obadzda und Ziebeleskäse. facebook.com/Sachsenmuehle

In der *MP14 Eismanufaktur* sitzt es sich im Sommer herrlich direkt am Buttenträgerbrunnen am Marktplatz von Ebermannstadt, während man das echt italienische und handwerklich hergestellte Eis löffelt. Die Sorten wechseln täglich. Unsere Lieblingssorten sind Walnuss-Feige, Jamaika-Rum und Blutorange. mp14.de

EXTRA-TIPP

In Streitberg ist die *Binghöhle* unbedingt einen Besuch wert. Die 1905 entdeckte Schauhöhle ist auf 300 Metern erschlossen und heute eine der beliebtesten Tropfsteingaleriehöhlen Deutschlands. binghoehle.de

Wer will, macht in Streitberg auch einen Abstecher zum *Prinz Rupprecht Pavillon,* mit tollem Blick auf die Burgruine Neideck und läuft weiter zum *Wedenbacher Wasserfall,* mit seinen angenehm kühlenden Sinterterrassen. Der Weg entlang des plätschernden Wedenbachs verläuft im Wald und ist bei Hitze angenehm zu gehen (Regen- und Mückenschutz nicht vergessen).

Ebermannstadt, Streitberg, Muggendorf, Burggaillenreuth, Gößweinstein, Behringersmühle, Landkreis Forchheim, Fränkische Schweiz

LEINLEITERTAL & WERNTAL

Wunderschöne Wanderung durch das romantische Leinleitertal – traumhafte Panoramablicke sind garantiert und ein Schnäpschen am Weg lässt die Beine gleich wieder leichter werden.

Inmitten des romantischen **Leinleitertals** liegt **Heiligenstadt,** eingebettet in beschauliche Natur und Ausgangspunkt für diese Wanderung.

Sie führt uns zunächst zum *Pavillon* oberhalb des Marktes, wo wir herrliche Aussichten über das obere Leinleitertal genießen, bevor wir ins wald- und wiesenreiche **Werntal,** ein liebliches Seitental, eindringen.

Immer am **Schulmühlbach** entlang verläuft der Weg zur *Werntalquelle* und zum *Tummler*. Darunter verstehen die Einheimischen periodisch schüttende Karstquellen, sogenannte Hungerbrunnen, die während der trockenen Jahreszeit versiegen. Nach starken Regenfällen oder bei Schneeschmelze tritt das Wasser als Fontäne zutage. Die Bezeichnung Hungerbrunnen geht auf den Volksglauben zurück, dass Jahren, in denen sich besonders selten schüttende Quellen zeigen, Missernten und Hungersnöte folgen.

Nach dem Aufstieg zum *Naturfreundehaus* genießen wir von oben die herrliche Aussicht auf **Veilbronn** und den *Totenstein*. Der Legende nach stürzte hier der letzte Ritter von Streitberg mit seinem Kutscher und vier Pferden in den Abgrund. Deshalb der Name Totenstein.

Talabwärts führt uns der Weg nun zur pittoresken **Schulmühle,** wo wir die Edelobstbrände von *Inge Blank* probieren. Gut gelaunt geht es anschließend immer entlang der sanft vor sich hinplätschernden **Leinleiter** zurück nach **Heiligenstadt.**

Heiligenstadt i.OFr., Veilbronn, Landkreis Bayreuth, Fränkische Schweiz

BESTE ZEIT

Von April bis Oktober.

START & ANREISE

Parkplatz Hellmuth-Breckner-Parkplatz, 91332 Heiligenstadt.

ÖPNV: Kompliziert und nur Mo-Fr. Mit der Regionalbahn oder S-Bahn (S1) nach *Bamberg*. Von dort mit Bus 975 in knapp 50 Min. nach *Heiligenstadt*.

LÄNGE & DAUER

Für diese rund 11 Kilometer lange Wanderung sollte man etwa vier Stunden einplanen.

WOMIT BIN ICH UNTERWEGS?

Zu Fuß.

Wegmarkierung bis zum Aussichtspavillon ist der gelbe Kreis.

Danach folgen wir dem blauen Strich bis zum Wanderparkplatz (Veilbronn).

Nun weist uns der grüne Kreis den Weg zum Naturfreundehaus und weiter bis zur Schulmühle.

Die Markierung gelber Strich führt uns von der Schulmühle zurück nach Heiligenstadt.

WAS NEHME ICH MIT?

Bequeme, feste Schuhe, Sonnen-/Regenschutz, Badesachen, ausreichend zu trinken und evtl. Proviant.

GUTES ESSEN

Leckere regionale und saisonale Gerichte werden im *Heiligenstadter Hof* serviert, bei schönem Wetter im Biergarten direkt am Fluss. hotel-heiligenstadter-hof.de

Süffiges Bier und fränkische Hausmannskost gibts im *Gasthof Drei Kronen* der kleinen *Brauerei Aichinger*. Gebraut wird hier bereits seit 1870 und zwar genau zwei Sorten: ein Zwickel und ein Spezialbier. Sehr lecker fanden wir die Rindsroulade mit Blaukraut und Klößen.

EXTRA-TIPP

Rund 300 Brennereien gibt es in der Metropolregion, doch *Inge Blank* ist die einzige Frau, die das Brennen zum Beruf gemacht hat. Ihre köstlichen Edelobstbrände aus sonnengereiften, handverlesenen Früchten sowie leckere hausgemachte Marmeladen und handgefertigte Pralinen gibts in der *Schulmühle* in Veilbronn (Mi 10-19 Uhr oder nach telefonischer Vereinbarung). schulmuehle.de

Wir packen die Badesachen ein und machen nach der Wanderung einen Abstecher zum *Naturbadesee Heiligenstadt* an der Leinleiter. Gleich neben dem See gibt es auch eine *Kneipp-Anlage* mit Wassertret- und Armbecken. Auch der *Wasserlehrpfad*, ein interessanter Themenweg mit 19 Info-Tafeln rund um das Thema Wasser, beginnt hier.

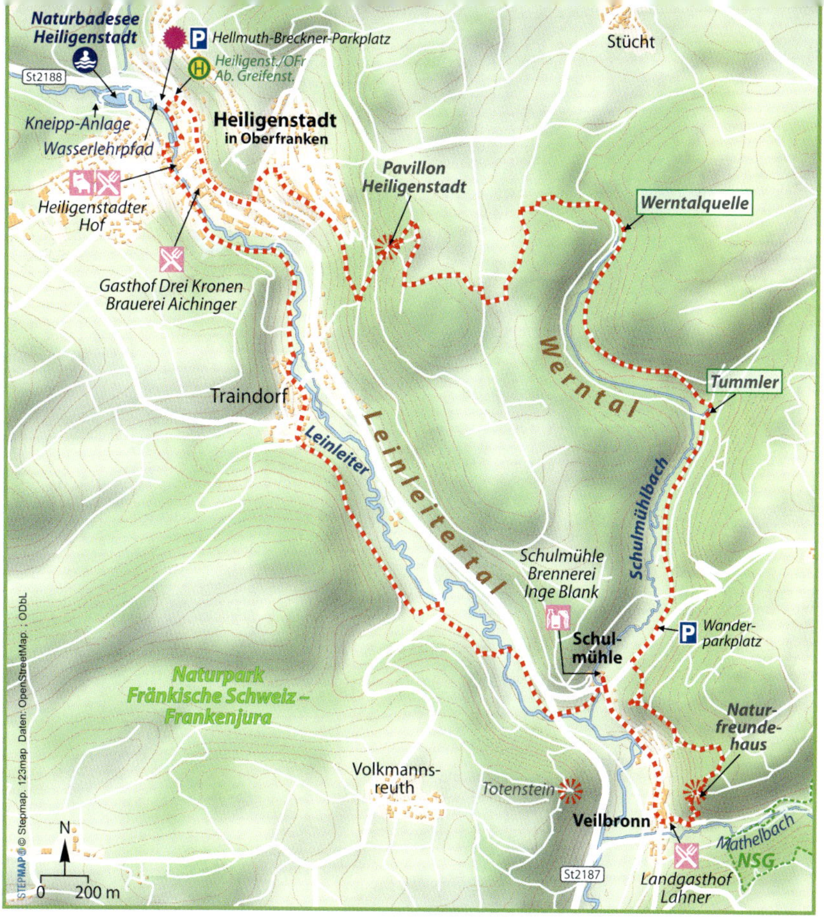

Naturbadesee Heiligenstadt
Hellmuth-Breckner-Parkplatz
Heiligenst./OFr Ab. Greifenst.
St2188
Stücht
Kneipp-Anlage
Wasserlehrpfad
Heiligenstadt in Oberfranken
Heiligenstadter Hof
Pavillon Heiligenstadt
Werntalquelle
Gasthof Drei Kronen Brauerei Aichinger
Werntal
Traindorf
Tummler
Leinleiter
Leinleitertal
Schulmühlbach
Schulmühle Brennerei Inge Blank
Schul-mühle
Wander-parkplatz
Naturpark Fränkische Schweiz – Frankenjura
Natur-freunde-haus
Volkmanns-reuth
Totenstein
Veilbronn
Mathelbach
NSG
N
0 200 m
St2187
Landgasthof Lahner
STEPMAP © Stepmap, 123map Daten: OpenStreetMap, ODbL

BAMBERG

Wasser ist im «Fränkischen Rom» nie weit! Über sieben Hügel erstreckt sich die reizvolle Weltkulturerbestadt Bamberg zwischen der Mündung der Flüsse Regnitz und Main, dem Main-Donau-Kanal sowie dem alten Ludwig-Donau-Main-Kanal und begeistert Besucher von nah und fern.

Das Herz von **Bamberg** schlägt in der **Altstadt.** Das jahrhundertealte *Gärtnerviertel* und rund 2.400 denkmalgeschützte Häuser bilden ein städtisches Gesamtkunstwerk. Das alles beherrschende Bauwerk ist der mächtige **Kaiserdom** mit seinen vier Türmen.

Beim Stadtrundgang durch die malerischen **Gassen** begleitet uns die **Regnitz** mit ihren rauschenden Klängen. Wir entdecken die **Neue Residenz** mit dem **Rosengarten** und erfahren die kuriose Geschichte der Entstehung des **Alten Rathauses,** das auf einer künstlich geschaffenen Insel mitten im Fluss steht. Besonders reizvoll sind am Ufer die mittelalterlichen Fachwerkhäuser der ehemaligen Fischersiedlung, liebevoll «Klein Venedig» genannt, auf der lebhaften **Inselstadt,** die mit charmanten kleinen Läden zum Bummeln einlädt.

Äußerst reizvoll lässt sich die Geschichte Bambergs auf dem Spaziergang **«Flusspfad»** entdecken. An 23 Stationen an der **Regnitz** finden sich Info-Tafeln mit historischen Abbildungen. Dazu gibt es spannende Audiobeiträge (flussparadies-franken.de> Projekte> Flusspfad Bamberg) zu bekannten und verborgenen Orten am Wasser, dem Leben der Fischer und den Kränen an der Regnitz.

Der **Kranen** im **Alten Hafen** bildet den Auftakt zu einer **Entdeckungstour auf dem Wasser.** Hier legen die Schiffe zur **Hafenrundfahrt** ab. Überaus romantisch ist die Fahrt in einer original venezianischen Gondel. Fehlt nur «O sole mio», aber die Bamberger Gondolieri singen nicht.

BESTE ZEIT

Zu jeder Jahreszeit. Auf dem Wasser von Frühjahr bis Herbst.

START & ANREISE

Parken auf dem Parkplatz am Schillerplatz, 96047 Bamberg oder Parkplatz am Schönleinsplatz.

ÖPNV: Mit der S-Bahn (S1) von *Nürnberg* nach *Bamberg.*

WOMIT BIN ICH UNTERWEGS?

Zu Fuß oder Schiff, Kanu, SUP, Gondel.

DAUER

Ein schöner Tagesausflug.

WAS NEHME ICH MIT?

Bequeme Schuhe, Sonnen-/Regenschutz, Badesachen und ausreichend zu trinken. Beim Paddeln Wechselkleidung (wasserdicht verpackt).

GUTES ESSEN

Herrlich sitzt man im Sommer im Biergarten des malerischen *Bootshaus* an der Regnitz im Schatten uralter Bäume bei Bernd das Bier und leckeren fränkischen Spezialitäten, während die Gondolieri und Enten vorbeiziehen. bootshaus-restaurant.de

Die besten Pasteis de Nata außerhalb Portugals werden im *Café Zuckerstück* serviert. Dazu trinkt man inmitten von verrückten Möbeln und Dingen, die man kaufen kann, einen portugiesischen Galão. zuckerstueck-bamberg.de

Der Espresso im kultigen Stehcafé *Café Rondo* ist italienisch stark, und die Pizza herrlich knusprig und lecker.

EXTRA-TIPP

Wer gerne aufs oder ins Wasser möchte:

Stoked bietet richtig coole SUP-Touren durch die Bamberger Altstadt an und vermietet SUP-Boards an all die, die die Stadt individuell erkunden möchten. stoked-bamberg.de

Rundfahrt: Die Flotte der *Bamberger Personenschifffahrt* bricht von Anfang Mai bis Oktober täglich im Stundentakt am Kranen im Alten Hafen auf zur *Hafenrundfahrt.* Im Mai und Juni kann man mit dem niederländischen Grachtenboot «Franken» Klein Venedig erkunden. personenschiffahrt-bamberg.de

Kanutouren Bamberg: Welterbe pur. . . Hier kann man Touren mit dem Kanu buchen. kanutouren-bamberg.de

Kult ist die idyllisch am linken Regnitzarm gelegene *Hainbadestelle.* Hier trifft man sich im Sommer zum Chillen, Baden, Sehen und Gesehenwerden.

Bamberg

Gärtner- und Häckermuseum 300 m
Bamberg 500 m
Flusspfad
Flusspfad
Klein Venedig
Rosengarten
Zuckerstück
Neue Residenz
Altstadt
Bamberger Dom
Altes Rathaus
Residenzschloss Geyerswörth
Schiffsanlegestelle Am Kranen
Mechanischer Handkran
Obere Brücke
Gondelfahrten Einstieg
Café Rondo
Parkplatz Schönleinsplatz
Parking Bamberg Schillerplatz
Parkplatz Schillerplatz
Hainbadestelle
Bootshaus im Hain
Altenburg 450 m
Inselstadt
Gärtnerstadt
Berggebiet
Haingebiet
Main-Donau-Kanal
Regnitz
Theresienhain
Hollergraben
Abtsberg
Am Leinritt
Heinrich-Bosch-Steg
Weide
Markusplatz
Löwenstraße
Kleberstraße
Vorderer Graben
Kettenbrücke
Luitpoldbrücke
Kunigundendamm
Trimbergstraße
Peuntstraße
Marienplatz
Heinrichsdamm
Marienbrücke
Markusstraße
Kapuzinerstraße
Heumarkt
Maximiliansplatz
Willy-Lessing-Straße
Untere Sandstraße
Maienbrunnen
Michelsberg
Obstmarkt
Lange Straße
Friedrichstraße
Augustenstraße
Jakobsplatz
Geyerswörthstraße
Am Kanal
Schillerplatz
Herzog-Max-Straße
Amalienstraße
Teufelsgraben
Hainstraße
Stephansplatz
Am Zwinger
Mittlerer Kaulberg
Ottostraße
Schützenstraße
Altenburger Straße
Oberer Leinritt
Panzerleite
Oberer Kaulberg
Sternwartstraße
Oberer Stephansberg
Milchweg
Sodenstr.
N
0 100 m
STEPMAP © Stepmap, 123map Daten: OpenStreetMap, ODbL

FRÄNKISCHE TOSKANA

Ein Spaziergang durch die sanft gewellte Landschaft vor den Toren Bambergs ist fast wie Urlaub in Italien – aber die Fränkische Toskana liegt direkt vor der Haustür!

Eingebettet in die sanften Hügel der Fränkischen Toskana liegt das **Jagd- und Lustschloss Seehof** und ist gleich zu Beginn unseres Spaziergangs das Highlight. Wir wandeln durch den bezaubernden Garten der einstigen Sommerresidenz der Fürstbischöfe von Bamberg und bestaunen das *Heckentheater*, die *Orangerie* und die *Rokoko-Kaskade* mit ihren Wasserspielen und den *Sandstein-Skulpturen* vom Hofbildhauer Ferdinand Tietz.

An der idyllisch gelegenen **Schweizerei** von 1782 vorbei, geht es zum **Pulversee** und weiter zum **Ottensee,** wo von der *Fischerei Oberle* (siehe Seite 52) Karpfen gezüchtet werden. Hinter dem Ottensee gleich rechts biegen wir ab in den **Hauptsmoorwald,** ein ausgedehntes Kiefernwaldgebiet. Dort dominieren Erlenbestände und Tümpel. Seltene Pflanzen- und Tierarten wie Sonnentau, Gelbbauchunke und Frühlings-Feenkrebs fühlen sich hier außerordentlich wohl.

Wenn der Wald sich lichtet, erblicken wir den im Sonnenlicht glitzernden **Stocksee,** der zum Schloss Seehof gehört. Der See und das Verlandungsgebiet für wasserliebende Tiere und Pflanzen ist als besonders schützenswert eingestuft. Am **Altsee** vorbei, gehen wir zum **Figurenweiher,** wo uns Bacchus und Orpheus aus der Mitte des Teiches grüßen.

Noch bleibt genug Zeit, um uns im *Café Schloss Seehof* einen leckeren Windbeutel oder ein Stück Kuchen zu genehmigen. Ein würdiger Abschluss für einen schönen Nachmittag rund um das Schloss.

Fränkische Toskana

Memmelsdorf, Landkreis Bamberg

BESTE ZEIT

Am schönsten im Frühling und im Sommer. Das Schloss ist von November bis März geschlossen, der Park geöffnet.

START & ANREISE

Parkplatz Schloss Seehof in 96117 Memmelsdorf.

ÖPNV: Mit der S-Bahn (S1) nach *Bamberg* und von dort mit Bus 963, 927 oder 907 nach *Memmelsdorf Markt.* Dann sind es noch zehn Min. zu Fuß zum Schloss.

WOMIT BIN ICH UNTERWEGS?

Zu Fuß.

LÄNGE & DAUER

Etwa neun Kilometer langer Spaziergang, ca. zwei Stunden.

WAS NEHME ICH MIT?

Bequeme Schuhe, Sonnen-/Regenschutz und ausreichend zu trinken.

GUTES ESSEN

Das *Restaurant Café Schloss Seehof* serviert traditionelle fränkische Spezialitäten und leckere Kuchen, Torten und Windbeutel. Mittwochs gibt es ein fürstliches Frühstücksbuffet und hin und wieder den Schloss-Zauber-Brunch. Auch das Frühstück à la carte ist sehr lecker, besonders das vegane Gärtnerstadt Frühstück und das Seehof Frühstück für zwei, serviert auf der Etagere, hat uns gefallen. schloss-seehof.com

Der *Brauereigasthof Drei Kronen* ist bekannt für seine süffigen Biere und eine fränkisch-moderne Küche. Sehr zu empfehlen ist das Pulled Schäuferla mit Dunkelbiersoße, Rahm-Sauerkraut und Kloß-Pommes. drei-kronen.de

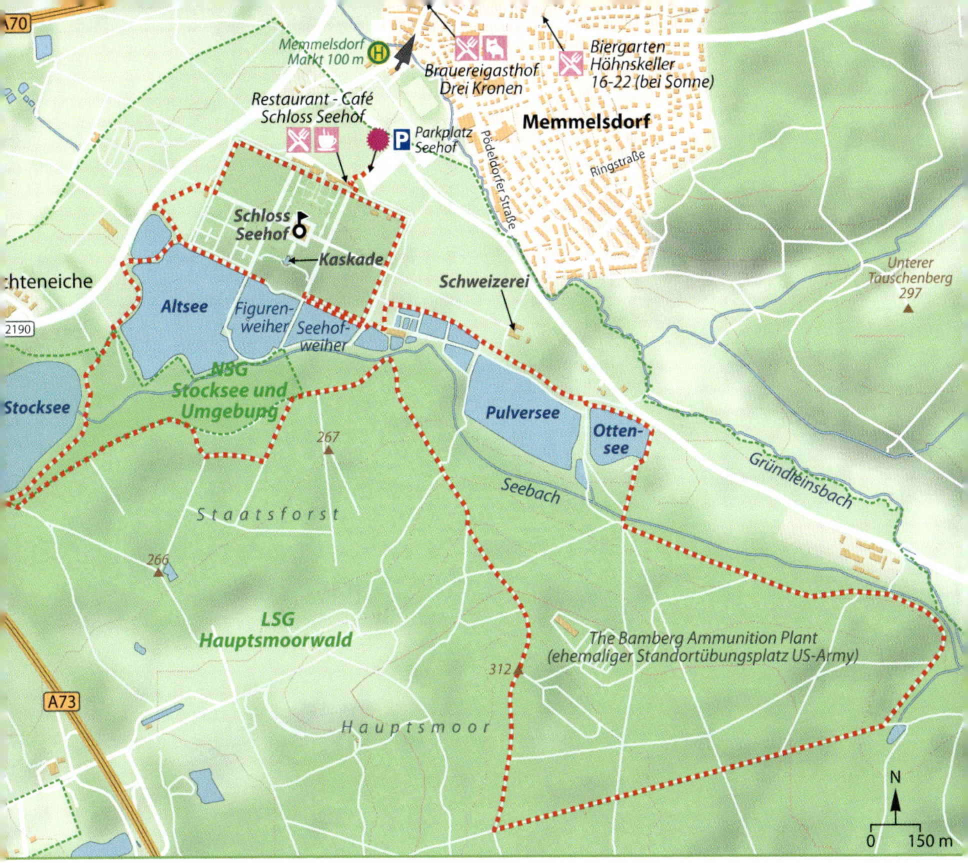

A70
Memmelsdorf Markt 100 m
Brauereigasthof Drei Kronen
Biergarten Höhnskeller 16-22 (bei Sonne)
Restaurant - Café Schloss Seehof
Parkplatz Seehof
Memmelsdorf
Pödeldorfer Straße
Ringstraße
Schloss Seehof
Kaskade
Schweizerei
Unterer Tauschenberg 297
ᵗhteneiche
Altsee
Figuren-weiher
Seehof-weiher
2190
NSG Stocksee und Umgebung
Stocksee
267
Pulversee
Otten-see
Seebach
Gründleinsbach
Staatsforst
266
LSG Hauptsmoorwald
The Bamberg Ammunition Plant (ehemaliger Standortübungsplatz US-Army)
312
A73
Hauptsmoor
N
0 150 m

RÖHRENSEE

Naturerlebnis, Tierpark, Kinderspielplatz, hipper Stadtstrand, stylisher Burgerladen . . . all das ist die Parkanlage Röhrensee – und damit ein tolles Ausflugsziel für alle Generationen.

Einst wurden dort, wo sich heute der See befindet, Holzröhren für die ersten Bayreuther Wasserleitungen gelagert – daher der Name *Röhrensee*.

Heute können wir bei einem **Spaziergang** rund um den See in **Tiergehegen** und **Freivolieren** Tiere aus den verschiedensten Regionen der Erde bestaunen. Der **Tierpark** im **Röhrenseepark** bietet australischen Bennett-Kängurus, aus den Anden stammenden Alpakas und Mandarinenten genauso ein Zuhause wie einer Herde Dybowski-Hirsche aus Ostsibirien. Flamingos, Nandus und Jungfernkraniche fühlen sich am See inmitten der alten heimischen Bäume und den exotischen Ziergehölzen ebenfalls wohl, wie auch große Schwärme von Lachmöwen und andere heimische Vogelarten.

Beliebt bei den Kleinen ist der **Spielplatz** mit verschiedenen Klettermöglichkeiten, einem Sandspielbereich und einer Wasserspielanlage. Die **Fitnessgeräte** erfreuen alle Generationen.

Nach dem Besuch des Tierparks lassen wir den Tag gemütlich am **Röhrensee** ausklingen – gechillt mit einem Aperol Spritz oder einem Bier in der Hand und den Füßen im Sand unter Palmen am **Stadtstrand** *Hans Beach*. Fühlt sich an wie Urlaub, nur direkt vor der Haustür. Falls uns der Hunger packt, sind es nur ein paar Stufen nach oben zum hippen Burgerladen *Hanskaschber*, wo die Burger allesamt «hansmade» aus regionalen Zutaten sind und sensationell gut aussehen, aber vor allem fantastisch schmecken!

RÖHRENSEE

BESTE ZEIT

Am reizvollsten im Sommer. Vorzugsweise unter der Woche.

Wer sehen und gesehen werden will, wählt das trubelige Wochenende.

START & ANREISE

Parkplätze an der Pottensteiner Straße, 95447 Bayreuth.

ÖPNV: Mit der Regionalbahn nach *Bayreuth Hbf,* von dort Bus 372 bis Haltestelle *Bayreuth Studiobühne.*

WOMIT BIN ICH UNTERWEGS?

Zu Fuß.

DAUER

Je nach Laune eine Stunde oder einen halben Tag. Oder einen lauen Sommerabend.

GUTES ESSEN

Hanskaschber – hipper Burgerladen und stylischer Strand. Im Restaurant werden sehr leckere und teils extravagante Burger, verschiedene Pommes, Salate und hausgemachte Limonaden serviert. Auch Vegetarier kommen hier voll auf ihre Kosten. Am Stadtstrand *Hans Beach* genießt man das Feierabendbier oder einen Aperol Spritz, gechillt im Liegestuhl, mit den Füßen im Sand. hanskaschber.de

EXTRA-TIPP

Bootsverleih: Wer aufs Wasser möchte kann in den Sommermonaten bei schönem Wetter Ruderboote beim Kiosk gleich neben dem Stadtstrand mieten.

Schlittschuhlauf im Winter: Im Winter ist der Röhrensee ein beliebtes Ausflugsziel für Schlittschuhläufer. Das städtische Sportamt bestimmt regelmäßig die Stärke des Eises und entscheidet über die Freigabe zur gefahrlosen Nutzung.

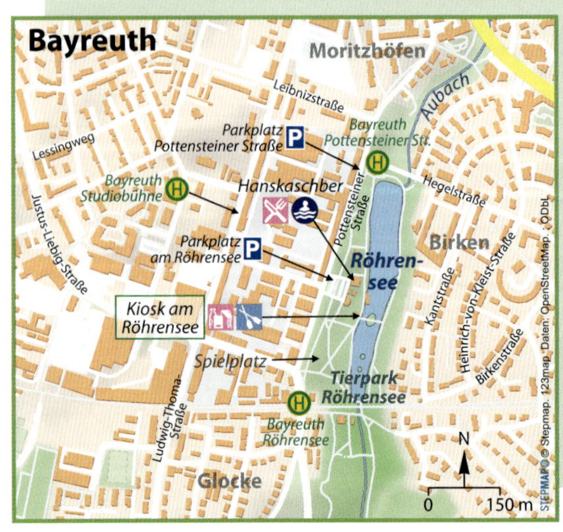

WILHELMINENAUE

Ein Spaziergang durch die Wilhelminenaue – das ehemalige Landesgartenschaugelände – bedeutet Natur pur. Daher ist der Park ein perfektes Ziel für Erholungsuchende und Naturliebhaber, aber auch für einen Grillabend mit Freunden.

Unter dem Motto «Musik für die Augen» fand 2016 die Landesgartenschau dort statt, wo sich heute Jung und Alt treffen, um zu spielen, zu entspannen oder Sport zu machen.

Zuerst schlendern wir durch unterschiedlichste Landschaftskabinette und den **Hopfengarten,** wo überdimensional große **Schaukeln** inmitten der duftenden Hopfenlandschaft zum Verweilen und Aussicht genießen einladen. Vorbei an **Grill- und Bolzplatz** führt uns der Weg weiter zur **Dirt-Bike-Anlage** und anschließend hinunter zum **Roten Main.** Diesem folgend spazieren wir auf dem **Auenlehrpfad** zurück zum Ausgangspunkt und lernen dabei mehr über die spannende Tier- und Pflanzenwelt, die auf den Infotafeln erklärt wird.

Am **Roten Main,** direkt gegenüber dem Auenbogen, freuen sich Kinder über den **Wasserspielplatz** *Fossilieninseln.* Ein weiteres Highlight für die Kleinen ist das *Wolkenkuckucksheim* – ein toller Spielplatz aus großen Vogelhäuschen.

Am **Hammerstätter See** laden die Rasenflächen dazu ein, das Handtuch auszubreiten und sich die Sonne ins Gesicht und auf den Bauch scheinen zu lassen. Am besten bleibt man dann einfach, bis sie langsam hinter dem See untergeht, denn nirgends sonst ist der Sonnenuntergang in Bayreuth so schön wie hier.

BESTE ZEIT

Eigentlich das ganze Jahr. Am reizvollsten aber von Frühjahr bis Herbst.

START & ANREISE

Parkplatz Wilhelminenaue am Süd-Eingang zum Park (Bunter Hügel, Äußere Badstr., 95448 Bayreuth).

ÖPNV: Mit dem Regionalzug nach *Bayreuth Hbf* und von dort mit Bus 302 nach *Bayreuth Volksfestplatz.*

WOMIT BIN ICH UNTERWEGS?

Mit dem Rad oder zu Fuß.

DAUER

Einen schönen Spätnachmittag.

WAS NEHME ICH MIT?

Sonnen-/Regenschutz, Picknickdecke.

GUTES ESSEN

Snacks, Spezialitäten vom Grill, Getränke und Eis gibts im *Kulturkiosk zur Seebühne*, und die Liegestühle mit Blick auf den See laden zum Verweilen ein. kulturkiosk-zur-seebuhne.webnode.page

EXTRA-TIPP

Kultur-Veranstaltungen – meist Live-Musik – auf der *Seebühne* in der Wilhelminenaue wie z.B. *Kulturkiosk-Festival* im Juni.

Highlight ist das jährlich im August stattfindende *Seebühnenfestival*. Auftritte zahlreicher internationaler Stars haben das Festival mittlerweile zu einem der größten Open Airs der Region etabliert. Aktueller Veranstaltungskalender: bayreuth-summertime.de

KULTURKIOSK

ÖSTLICHES & SÜDÖSTLICHES UMLAND

Tour 31 - 53

VON LAUF DURCH DIE BITTERBACHSCHLUCHT

Eine Mischung aus Urbanität und Natur – die historische Altstadt von Lauf bietet zahlreiche Sehenswürdigkeiten, die nahe gelegene Bitterbachschlucht ist ein ganz unerwartetes Idyll.

Start und Ziel unserer Wanderung durch die Bitterbachschlucht ist die **Altstadt** von **Lauf.** Sehenswerte Highlights sind die *Laufer Wenzelburg* auf der *Pegnitzinsel*, die *Schleifmühle Reichel (Museum)*, der historische *Marktplatz*, das *Pegnitzwehr*, das alte *Rathaus* und die *Johanniskirche*.

Über Wurzelgeflecht, gut befestigte **Stege** und **Holzbrücken**, mal näher, mal etwas weiter weg vom Bachlauf, führt uns der Weg dann durch die mit Moosen überwucherte **Bitterbachschlucht** – ein Überbleibsel der letzten Eiszeit und ein ganz besonderes Schmuckstück der Natur. Im Frühjahr erfreuen wir uns an den ausgedehnten Blütenteppichen aus Buschwindröschen und Sumpfdotterblumen. Bei klirrender Kälte verwandeln sich die Wasserfälle in spektakuläre Eiszapfenvorhänge. In regelmäßigen Abständen begegnen uns am Wegesrand **Holztafeln mit kurzen Informationen** zum Lebensraum Wald, dem Biber und der Geschichte der Schlucht.

Wer möchte, kehrt am Ende der Schlucht um und geht denselben Weg zurück nach Lauf. Wer noch etwas länger wandern will, folgt dem gut ausgeschilderten Weg noch 2,5 km nach **Nuschelberg,** wo es mit dem *Hallerschlösschen* eine ganz wunderbare **Einkehrmöglichkeit** gibt.

Nuschelberg
Gasthaus Hallerschlösschen
2,5 km
St2240
Bitterbachschlucht
Rudolfshof
Bitterbach
Kotzenhof
Eschenauer Straße
Breslauer Straße
Kreuzgraben
Beethovenstraße
Erbsenbodenstraße
Albrecht-Dürer-Straße
Hans-Sachs-Straße
Kunigundenstraße
Hardtstraße
Nordring
Lauf
an der Pegnitz
Breite Straße
Simonshofer Straße
Wiesenstraße
Johannis-
kirche
Altes
Rathaus
Hersbrucker Straße
Briver Allee
Urlasstraße
Rudolfshofer Straße
Markt-
platz
Wenzelburg
Altstadt
babette
Industrie-
museum Lauf
Bitterbach-
see
Pegnitz
Parkplatz
Pegnitzwiese
Schleifmühle
Reichel
Nürnberger Straße
LSG
Rückersdorf
Lauf (links Pegnitz)
Strengenberg
N
0 150 m
STEPMAP © Stepmap. 123map Daten: OpenStreetMap. : ODbL

BESTE ZEIT
Zu jeder Jahreszeit. Am schönsten im Frühjahr und im Winter.

START & ANREISE
Wenzelburg, Schloßinsel 1, 91207 Lauf an der Pegnitz.

Parken auf dem Parkplatz Pegnitzwiese, Anna-Diez-Weg, 91207 Lauf an der Pegnitz.

ÖPNV: Mit der S2 in 22 Minuten von *Nürnberg Hbf* nach *Bhf Lauf (links Pegnitz).*

WOMIT BIN ICH UNTERWEGS?
Zu Fuß.

LÄNGE
Von Lauf durch die Bitterbachschlucht hin und zurück sind es in etwa 6 Kilometer. Läuft man noch bis nach Nuschelberg sind es inkl. Schlucht hin und zurück ca. 11 km.

WAS NEHME ICH MIT?
Gutes Schuhwerk, Sonnen-/Regen-/Mückenschutz, ausreichend zu trinken, Proviant.

GUTES ESSEN
Typisch fränkische Küche mit modernen Einflüssen wird im idyllischen Biergarten des *Gasthauses Hallerschlösschen* in Nuschelberg serviert. hallerschloesschen.de

babette – superleckeres Eis aus guten Bio-Zutaten. Besonders das Kokoseis mit roten Pfefferbeeren und das Quarkeis mit Rahmkaramell und geröstetem Sesam mögen wir sehr. Sehr gut schmecken auch die zahlreichen veganen Eissorten. babette-eis.de

EXTRA-TIPP
Das *Industriemuseum Lauf* informiert über das Leben und Wirken städtischer Arbeiter und Handwerker von 1890 bis ca. 1970. Highlights des Museums sind das wasserkraftbetriebene Eisenhammerwerk, die historische Roggenmühle, eine rund 120 Jahre alte Tandem-Dampfmaschine und die komplett erhaltene stillgelegte Ventilfabrik Dietz & Pfriem. Kinder erfreuen sich am *Wasserspielplatz* auf dem Außengelände. industriemuseum-lauf.de

AUF DER PEGNITZ VON ARTELS-HOFEN NACH HOHENSTADT

Die Welt mal aus einer anderen Perspektive betrachten, der Natur ganz nah sein, die Seele baumeln lassen – das ist es wohl, was den besonderen Reiz einer Paddeltour auf der Pegnitz ausmacht.

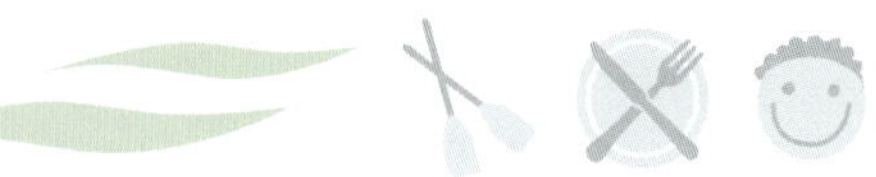

Wir gleiten über muntere Wellen durch den fränkischen Dschungel – die **Pegnitz,** einer der letzten und schönsten unbegradigten Flüsse Deutschlands, mag es kurvig und abwechslungsreich. Mal verlangsamt sie auf dem Weg von Artelshofen nach Hohenstadt ihren Lauf, und wir betrachten in Ruhe die Landschaft. Dann hat sie es wieder eilig, beschleunigt ihr Tempo und zwingt einen zu mehr Aufmerksamkeit, will man nicht zwischen den Zweigen einer weit ausladenden Trauerweide landen. Man muss keine Angst haben zu kentern, die Pegnitz ist ein Zahmwasser, kein alpines Wildwasser. Nur an einigen kurzen Stromschnellen ist etwas paddeltechnisches Geschick erforderlich.

Etwas Geschick benötigt es auch, um die Ausstiegsstellen an den **Wehren** nicht zu verfehlen. Allerdings muss das Kanu auf der gesamten Strecke nur **zweimal umgetragen** werden. Einmal in **Vorra,** wo wir direkt eine kleine Rast im sympathischen Café *Inselblick* einlegen. Herrlich lässt es sich hier bei einem Stück Kuchen und Blick auf die malerische Pegnitz entspannen.

Gut gestärkt lassen wir uns dann weiter durch die einzigartige Wasserlandschaft treiben. Unterwegs sind malerische Dörfer, steil aufragende Felsen der **Frankenalb,** wild romantische Flussauen, urige Wälder, teils seltene Pflanzen und Tiere, wie beispielsweise Wasserhahnenfuß, Eisvogel und Biber zu entdecken. Natur pur, unberührt und einfach wunderschön!

BESTE ZEIT

Wasserwanderungen sind von Mai bis September möglich.

START & ANREISE

Schulanger 6, 91247 Vorra-Artelshofen. Parkplätze auf der Wiese 30 Meter weiter links.

ÖPNV: Mit der Regionalbahn (RB30) nach *Vorra (Pegnitz)* und dann zehn Minuten zu Fuß zur Einstiegsstelle in Artelshofen.

WOMIT BIN ICH UNTERWEGS?

Mit dem Kanu (Kajak oder Canadier). Touren buchen oder Boote mieten:

Be Free - Outdoor Events & Teambuilding
befree-franken.de

FP Erlebnisse
fp-erlebnisse.de

Kanu-Chris
kanu-chris.de

LÄNGE & DAUER

Für die gut 10 km benötigen wir rund dreieinhalb Stunden.

WAS NEHME ICH MIT?

Ausreichend zu trinken und evtl. Proviant, Sonnen-/Mücken-/Regenschutz, Wasserschuhe bzw. Badeschuhe, Wechselkleidung (natürlich wasserdicht verpackt).

GUTES ESSEN

Leckere fränkische Küche und selbst gemachten Kuchen gibts im *Café Inselblick* in Vorra direkt an der Umtragestelle – ein wunderschönes Fleckchen im Pegnitztal.

Im *Landgasthof Beim Pechwirt* in Artelshofen gibt es die besten hausgemachten «Wörschd» weit und breit. Sonst kommt neben echt fränkischen Spezialitäten auf den Tisch, was die Jahreszeiten zu bieten haben. Lecker ist alles!
beim-pechwirt.de

EXTRA-TIPP

Für ein Picknick an der Pegnitz kann man sich in der *Die Vogelbeere,* einem inklusiven Dorfladen in Vorra, eindecken. Im dazugehörigen Café gibts leckere, selbst gebackene Tartes, herzhafte Quiches und dazu Kaffeespezialitäten aus der Rösttrommel in Nürnberg. Sa+So gibt es bis 13 Uhr Frühstück und jeden zweiten Sonntag im Monat einen sehr leckeren Brunch.
facebook.com/die.vogelbeere

Artelshofen
Ein- und Aussetzstelle
für Wasserwanderer
Landgasthaus
Beim Pechwirt
Schönbühl
506
Naturpark
Fränkische Schweiz –
Frankenjura
Diedesbühl
504
Vorra
(Pegnitz)
Pegnitz
Café Inselblick
umtragen links
Die Vogelbeere
Vorra
Bürg
463
Pfarrerberg
509
St2162
Düsselbach
Pegnitz
Ein- und Aussetzstelle
für Wasserwanderer
Fischbrunn
Alter Berg
572
Alfalter
umtragen links
Hirschbach
Ein- und Aussetzstelle
für Wasserwanderer
Schloss Eschenbach
Eschenbach
Hubmersberg
Kirchhöhe
506
Lindenberg
521
Hohenstadt
(Mittelfr)
Ausstieg
Pegnitz
Pleßelberg
574
Hohenstadt
N
0
500 m
STEPMAP © Stepmap, 123map Daten: OpenStreetMap; ODbL

HAPPURGER STAUSEE & HAPPURGER BAGGERSEE

Zwei auf einen Streich – Reizvoll sind sowohl der Happurger Stausee als auch der Baggersee. Ersterer verspricht einen abwechslungsreichen Tag für die ganze Familie, zweiterer ist vor allem bei Ruhesuchenden äußerst beliebt.

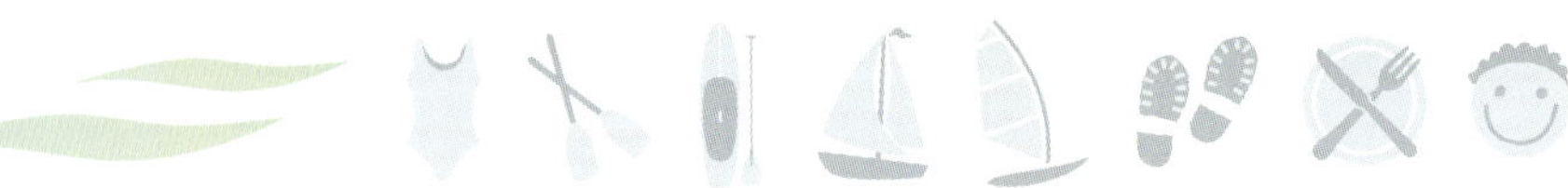

Der **Happurger Stausee** liegt zwischen dem Felsmassiv der Houbirg und dem Deckersberg im Herzen der **Fränkischen Alb** und verspricht an heißen Sommertagen Abkühlung. Hier kann man **SUPen, Segeln, Surfen** und **Angeln.**

Ein **Wanderweg** rund um den See lädt dazu ein, die herrliche Landschaft zu erkunden. Wer einfach nur entspannen und die Sonne genießen möchte, sucht sich ein lauschiges Plätzchen am **Strand** oder auf dem Sonnendeck des Café & Restaurant *Seeterrassen*.

Etwas ruhiger geht es am **Happurger Baggersee** zu, der südlich der Pegnitz zwischen **Hersbruck** und **Happurg** liegt.
Am dicht bewachsenen **Westufer** des Sees freuen sich Sonnenanbeter über die großzügigen **Liegewiesen,** wo auch schattige Plätzchen unter Bäumen zu finden sind. Das *Restaurant am Baggersee* sorgt für das leibliche Wohl. Es gibt ein paar Holzstege, wo man ins Wasser hüpfen oder einfach nur gemütlich die Füße ins Wasser baumeln lassen kann. Mit entsprechender Genehmigung ist auch das Tauchen im Baggersee erlaubt.

Grillen ist an beiden Seen gestattet (nur Gasgrills). So steht einem gechillten Sommertag am See nichts mehr im Weg!

BESTE ZEIT

Natürlich in der Badesaison. An den Wochenenden ist es besonders am Happurger Stausee meist recht voll, also kommt man idealerweise unter der Woche.

START & ANREISE

Happurger Stausee: Neben dem Restaurant Seeterrassen gibt es gebührenpfl. Parkplätze.

Happurger Baggersee: Gebührenpflichtige Parkplätze am See.

ÖPNV: Mit der S-Bahn (S2) von Nürnberg nach Happurg. Von dort sind es rund 10 Minuten zu Fuß zum Happurger Baggersee. Zum Happurger Stausee fährt man am besten mit der Regionalbahn nach Hersbruck (rechts der Pegnitz) und nimmt dann Bus 334 bis Happurg Rathaus, dann sind es noch 10 Minuten zu Fuß.

WAS NEHME ICH MIT?

Badesachen, Sonnenschutz, ausreichend zu trinken und evtl. Proviant/Picknick.

GUTES ESSEN

Fernab beider Seen und dennoch direkt am Wasser sitzt man in der idyllischen *Glücksmühle.* Mühlenwirt Thomas und sein Team servieren hier am Happurger Bach superleckere Burger, Currywurst, Cordon bleu und saisonale Spezialitäten. facebook.com/Glueckmuehle

EXTRA-TIPP

SUP-Board mieten: Wer gerne aufs Wasser möchte und kein SUP-Board sein Eigen nennt, kann im Sommer (oft nur am Wochenende) am Happurger Stausee ein Board beim *Restaurant Seeterrassen* mieten. seeterrassen.com/auf-und-am-stausee

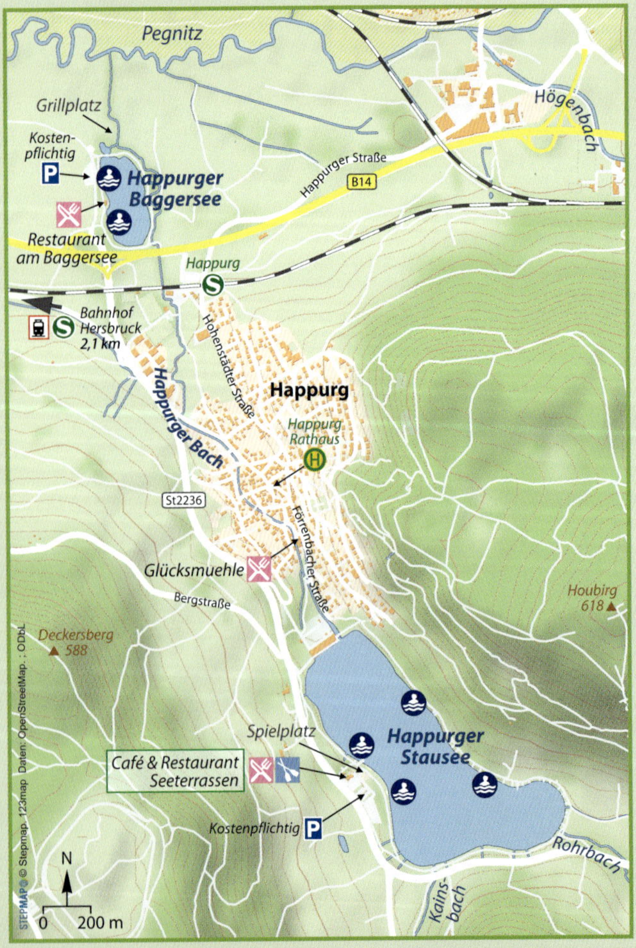

AUF DER VILS VON HAHNBACH NACH AMBERG

Für viele Kanufahrer ist die Vils eine noch unentdeckte Perle. Vom Wasser aus lassen sich unverbaute, wildromantische Abschnitte vorbei an Schlössern und das historische Amberg entdecken – eine perfekte Mischung aus Natur und Urbanität!

Die Vils entspringt in Kleinschönbrunn und legt bis zur Mündung in die Naab etwa 89 Kilometer zurück.

Ab **Hahnbach** ist ausreichend Wasser für Kanuten vorhanden, sodass wir hier starten. Nach rund einem Kilometer zeigt sich die Vils bereits von ihrer schönsten Seite. Der Fluss mäandert nun rund drei Kilometer durch weite Landschaften. Am **Wehr** in **Kümmersbuch** gehen wir kurz an Land und tragen das Boot ein paar Meter. Die folgende **Wehranlage** in **Kötzersricht** können wir hingegen auf der linken Seite durch den alten Mühlkanal durchfahren.

Auf dem nächsten Abschnitt wechselt die Vils mehrfach die Fließgeschwindigkeit und wir umfahren teils größere **Steine im Flussbett.** Hinter **Laubhof** eröffnet sich dem Paddler dann ein weitläufiges Schilfgebiet. Man kann sich herrlich auf dem nun seeähnlichen Fluss treiben lassen. Bei **Laubmühle** erreichen wir das nächste und letzte **Wehr** auf dem Weg nach Amberg. Danach paddeln wir im breiten Flussbett vorbei an **Altmannshof** und **Traßlberg.** Nähern wir uns den Toren von Amberg, wird der Flusslauf wieder abwechslungsreicher. Vereinzelt müssen wir wieder große **Steine und Schwellen umfahren.**

Mit Blick auf die imposante *Basilika St. Martin* durchfahren wir die berühmte **Stadtbrille** von **Amberg.** Aus ungewöhnlicher Perspektive erkunden wir die **Altstadt** und lassen uns anschließend durch das ehemalige **Landesgartenschaugelände** treiben. Am Ausstieg vor dem **Drahthammerwehr** haben wir unser Ziel erreicht!

BESTE ZEIT
Kanuwandern ist von Frühjahr bis Herbst möglich.

START & ANREISE
Kanuverleih Hahnbach, Hauptstr. 53, 92256 Hahnbach. kanuverleih-hahnbach.de

ÖPNV: Mit der Regionalbahn (RE40) nach *Sulzbach-Rosenberg* und dann mit Bus 463 bis *Hahnbach Brücke.*

WOMIT BIN ICH UNTERWEGS?
Mit dem Kanu.

Kanuvermieter: *Kanuverleih Hahnbach,* Hauptstr. 53, 92256 Hahnbach. kanuverleih-hahnbach.de

Mobiler Vermieter: *Willys Kanuverleih* bringt Boote zur gewünschten Einsetzstelle und bietet auch geführte Touren an. willys-kanuverleih-amberg.de

LÄNGE & DAUER
Für die 16 Kilometer benötigen wir inklusive Umtragungen rund fünf Stunden.

WAS NEHME ICH MIT?
Regen-/Mücken-/Sonnenschutz, ausreichend zu trinken, evtl. Proviant und Wechselkleidung – wasserdicht verpackt.

GUTES ESSEN
Auf der Hälfte der Strecke lädt das *Gasthaus Kropf* in Altmannshof zur Rast ein. Hier gibts leckere fränkische Hausmannskost und je nach Saison auch frischen Spargel, resch gebakkenen Karpfen oder Wild. gasthaus-kopf.de

Das *Hotel Zur Post Kümmersbruck* serviert im Schlemmergarten zwischen Hochbeeten mit Blumen, Salat und Kräutern neben bodenständigen fränkischen Gerichten auch hausgemachte Pasta, leckere Salat-Bowls und BBQ-Gerichte. Die saisonalen Zutaten stammen alle aus der Region, viele davon wachsen gleich neben dem eigenen Tisch. Für Vegetarier und Veganer gibt es ebenfalls liebevoll gekochte Gerichte. Wer übernachten will, bucht sich eines der Zirbelholz-Wohlfühlhäuschen mit Blick auf die Vils. hotel-zur-post-kuemmersbruck.de

EXTRA-TIPP
In Kümmersbuch ist die *Tierauffangstation «Das Nest»* ein beliebtes Ausflugsziel für Groß und Klein. Sowohl verletzte oder hilflose Wildtiere als auch Exoten, die in freier Wildbahn nicht überleben oder bei ihren Besitzern bleiben können, finden hier Obhut. Die Mitarbeiter geben gerne Auskunft über die Stachelschweine, Lamas, Füchse, Hunde, Katzen und Co. und erzählen die Geschichten der in Not geratenen Tiere. feuerhof.de >Freizeit mit Kindern >Tierauffangstation

Brücke, Hahnbach
Hahnbach
Kanuverleih Hahnbach
Vilsarche Anlegestelle
Gebenbach
Burgstall
B14
Gebenbach
Vils
Tierauffangstation Das Nest
Kümmersbuch
umtragen rechts
Mimbach
Kötzersricht
B299
Wasserwander-rastplatz
links umfahren
Peterranzenbach
Ein- & Aussetzstelle für Wasserwanderer
Vils
Steiningloh
Godlricht
Laubhof
Laubmühle
Ursula-poppen-richt
Gasthof Kopf
umtragen rechts
Rosenbach
Speckshof
Immen-stetten
St2120
Altmannshof
Bernricht
Obersdorf
Neubern-richt
Ein- & Aussetzstelle für Wasserwanderer
St2238
Traßlberg
Poppenricht
St2040
Vils
Oberammers-richt
Krumbach
Neumühle
Karmen-sölden
Luitpold-höhe
Schäflohe
Unterammers-richt
529
B85
Fiederbach
Vils
Basilika St. Martin
Fuchsstein
Stadtbrille
403
399
Amberg
Ammerbach
Ehem. Landesgarten-schaugelände
Lengenloh
Ausstieg
Drahthammerwehr
B299
St2165
Gailoh
Vils
Naturpark Hirschwald
Zur Post Kümmersbruck
Kümmersbruck
N
0
1 km
STEPMAP © Stepmap, 123map Daten: OpenStreetMap ; ODbL

RÖTHENBACHKLAMM

Sind wir etwa in der Wüste? Bei Sanddünen denkt wohl kaum einer an das Nürnberger Land, doch diese Wanderung führt am Röthenbach entlang durch die größten Dünenfelder Bayerns, durch urige Wälder und spektakuläre Rhätsandsteinschluchten.

Haben wir die große **Sanddüne** am **Birkensee** (Röthenach a.d.Pegnitz) – ein beliebtes Ausflugsziel für Badegäste, Radler und Wanderer – erklommen, lässt sich bereits erahnen, dass diese **Wanderung** eine sandige Angelegenheit wird. Sie führt uns größtenteils über den **Fränkischen Dünenweg,** durch raue Sandlandschaften, die während der Eiszeit entstanden sind.

Der Weg zieht sich gemächlich am mäandernden **Röthenbach** entlang. Schlagartig ändert sich die Landschaft in der **Röthenbachklamm** – im Volksmund auch *Rumpelbachschlucht* genannt. Ein Stückchen Wildnis im **Lorenzer Reichswald.** Deutlich feuchter und kühler ist es in der Klamm und verschiedene Moose säumen den Weg. Sattes Grün umspielt den goldenen Sand aus dem Bachbett. Einheimische nennen diesen Abschnitt liebevoll «7 Brücklers Weg», wenngleich weitaus mehr Brücken zu überqueren sind.

Es geht durch fränkische Urwälder, mal bergauf, dann bergab über Wurzeln und Dünen, die Route ändert ständig ihre Richtung. Wir balancieren über Baumstämme und Steine im Flussbett, bis wir schließlich die ehemalige Zeidlersiedlung **Ungelstetten** erreichen. Zeit für eine Rast im Café *Zur alten Scheune* – ein Stück Kuchen haben wir uns nun wohlverdient!

Wer möchte, folgt dem Röthenbach nun weiter durch die wilde *Rumpelbachschlucht* bis nach **Röthenbach bei Altdorf** oder geht auf demselben Weg zurück zum Ausgangspunkt.

BESTE ZEIT

Das ganze Jahr über. Besonders schön im Sommer.

START & ANREISE

Parkplatz Birkensee, Schwaiger Str., 90552 Röthenbach a.d.Pegnitz.

ÖPNV:

Start: Zum Birkensee fahren leider keine Busse.

Ziel: Von *Ungelstetten* Bus 552 zum *Bhf Winkelhaid* (S3). Von *Röthenbach b.Altdorf* fährt Bus 554 zur *S-Bahn Ludersheim* (S3).

Am Wochenende jeweils nur Rufbus. Info: bahn.de

WOMIT BIN ICH UNTERWEGS?

Zu Fuß.

LÄNGE

Vom Birkensee nach Ungelstetten sind es etwa 7,5 Kilometer, bis nach Röthenbach b.Altdorf weitere 4 km.

WAS NEHME ICH MIT?

Festes, wasserdichtes Schuhwerk, Sonnen-/Regen-/Mückenschutz, ausreichend zu trinken, evtl. Proviant.

GUTES ESSEN

Superleckeren Kaffee, sündhaft gute Torten, fränkische Brotzeiten und einfache Gästezimmer gibts in Ungelstetten im urgemütlichen *Café Zur alten Scheune*. zur-alten-scheune.com

Nur wenige Schritte weiter serviert die *Gaststätte Am Wiesengrund* bodenständige deutsche Küche.

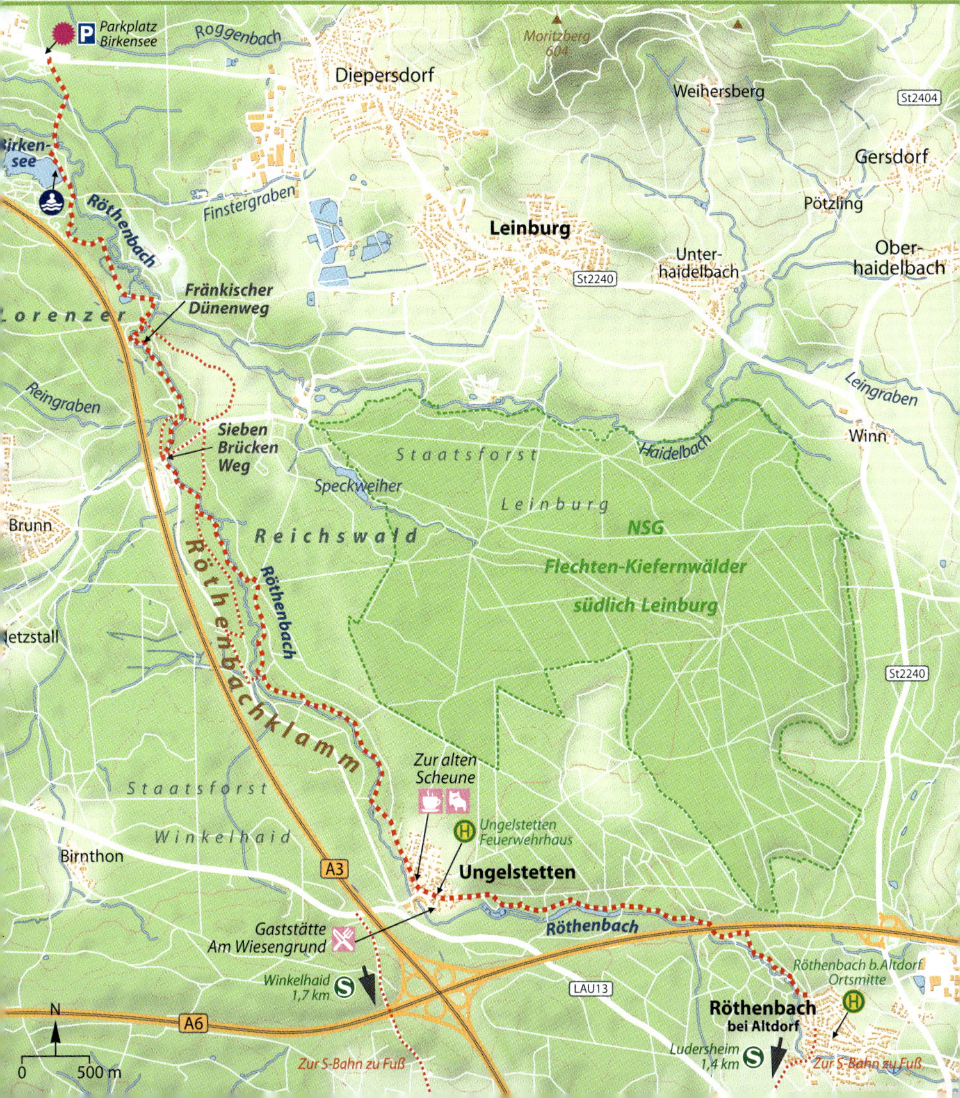

KRUGSWEIHER & JÄGERSEE

Abgelegen und ruhig liegt der Jägersee im Lorenzer Reichswald im Südosten von Nürnberg und beschert uns nach einem Spaziergang entlang der Krugsweiher ein chilliges Badeerlebnis.

Durch Sandabbau beim Ausbau der A9 entstand in den 1970er-Jahren im idyllischen Lorenzer Reichswald bei Feucht der Jägersee. Ein schmaler Damm teilt den Baggersee in einen kleinen und großen See.

Sehr flach ist der **Große Jägersee** und durch die schnelle Erwärmung ist das Wasser im Sommer eher bräunlich. Kühler und klarer ist der tiefere **Kleine Jägersee.** Baden kann man in beiden.

Am See stehen keinerlei Parkplätze zur Verfügung und er ist nur zu Fuß oder mit dem Fahrrad erreichbar. Also starten wir in Feucht am *Kirchweihplatz* und folgen von hier aus der Wegmarkierung «Weiße Wabe mit grüner Biene und grüner 1» in Richtung Ortsmitte und dann durch die schöne **Gauchsbach-Aue** mit den *Wasserspielen.*

Dem **Gauchsbach** folgend, erreichen wir die **Krugsweiher,** wo wir auf einer der Bänke eine Weile die Wasservögel, Libellen und Amphibien beobachten können, bevor wir unseren Weg zum **Jägersee** fortsetzen und endlich unsere Füße ins erfrischende Wasser stecken.

Auch an heißen Wochenenden finden wir im Uferbereich und zwischen den Bäumen immer ein ruhiges Plätzchen für unser Handtuch. Einen gut gefüllten Picknickkorb haben wir dabei, Gastronomie ist am See nicht vorhanden.

BESTE ZEIT
Natürlich zur Badesaison.

START & ANREISE
Parkplatz am Kirchweihplatz, Kapellenplatz, 90537 Feucht.

ÖPNV: S-Bahn (S1) bis *Feucht Ost,* 10 Minuten zu Fuß.

WOMIT BIN ICH UNTERWEGS?
Mit dem Rad oder zu Fuß.

LÄNGE & DAUER
Rundweg ca. 6-7 km. Je nach Laune 2 Std. oder einen ganzen Tag.

WAS NEHME ICH MIT?
Badesachen, Sonnen-/ Regenschutz, ausreichend zu trinken und einen gut gefüllten Picknickkorb. Keine Gastronomie am See.

GUTES ESSEN
Restaurant Istoria: Griechisch mal anders – leckere und gehobene Naturküche. restaurant-istoria.com

EXTRA-TIPP
Hermann-Oberth-Raumfahrt-Museum: Der aus Siebenbürgen stammende Physiker Prof. Hermann Oberth lebte viele Jahre in Feucht. Er gilt als einer der Väter der Raumfahrt und Raketentechnik. Im nach ihm benannten Museum erfahren wir mehr über seine Visionen und kommen der Geschichte der Raumfahrt näher. raumfahrtmuseum.de

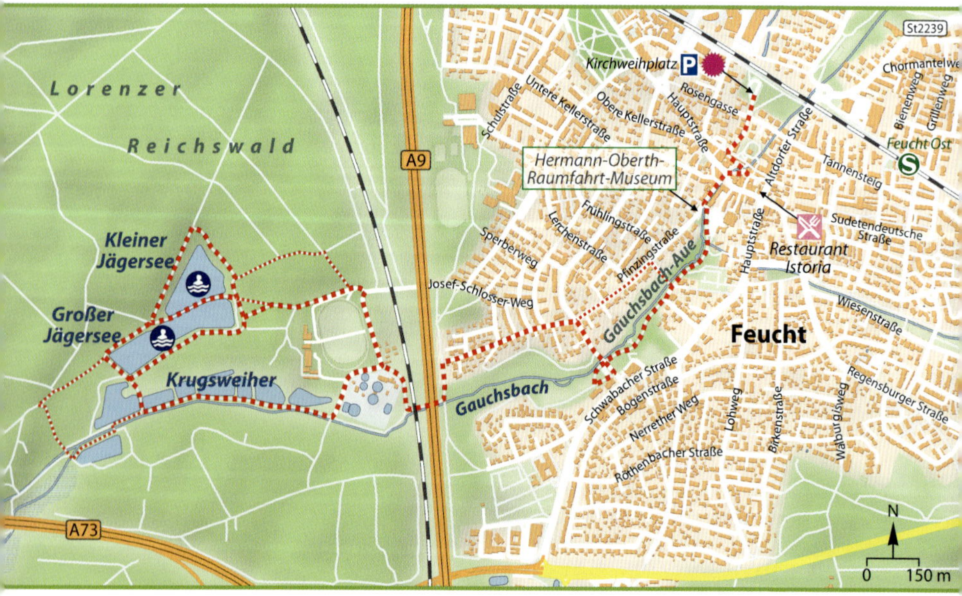

SCHWARZACHKLAMM UND BRÜCKKANAL

Zum Indian Summer nach Kanada reisen? Muss man gar nicht, den gibts auch in Franken! Auf diesem Herbstspaziergang am malerischen Ludwigskanal lassen wir uns von einer Stimmung verzaubern, die es so nur einmal im Jahr gibt.

Der **Ludwig-Donau-Main-Kanal** überspannt auf einem 17,5 Meter hohen Aquädukt das **Schwarzachtal** und gilt noch heute als technische Meisterleistung. Hier, an der *Waldschänke* am **Brückkanal,** sind auch Start und Ziel unserer Wanderung ins **NSG Schwarzach-Durchbruch.**

Eine Treppe, die in einen Pfad übergeht, führt uns in die **Schwarzachklamm,** eine tief eingeschnittene Sandsteinschlucht. Dem Weg folgen wir immer nahe am Fluss entlang, auf weichem Waldboden. Schlanke Bäume klammern sich in den zunehmend steiler werdenden Hang. Die ersten bizarren Felsformationen und steile Wände voller Nischen tauchen vor uns auf. Auf **Holzstegen** an und unter überhängenden Felsen hindurch gelangen wir zur **Karlshöhle,** die wir über eine **Holztreppe** durch einen engen Durchgang wieder verlassen und dem Weg zum **Flusskraftwerk Gsteinach** folgen. Von dort geht es erneut hinunter in die Schlucht und vor uns öffnet sich die **Gustav-Adolf-Höhle,** die ihren Namen dem schwedischen König verdankt, der hier während des Dreißigjährigen Krieges eine Predigt besuchte.

Hinter dem Sportplatz überqueren wir den Fluss und nach einem kleinen Aufstieg durch den Wald gelangen wir kurz darauf an der **Schleuse 52** an den **Ludwig-Donau-Main-Kanal.** Diesem folgen wir vorbei an zahlreichen Schleusen und bezaubernden Wärterhäuschen zurück zur *Waldschänke*. Das bunte Blättermeer der Bäume am Ufer spiegelt sich im Wasser, das in der herbstlichen Sonne glitzert.
So schön ist der goldene Herbst!

Schwarzachklamm und Brückkanal

Schwarzenbruck, Landkreis Nürnberger Land

BESTE ZEIT
Das ganze Jahr über. Besonders schön im Herbst. Im Sommer versprechen die Felsen und das Wasser angenehme Kühlung.

START & ANREISE
Waldschänke Brückkanal, Parkplatz gleich neben dem Ausflugslokal, Am Brückkanal 3, 90537 Schwarzenbruck.

ÖPNV: Mit der S-Bahn (S1/S3) nach *Feucht* und von dort mit Bus 678 bis *Feucht Zeidlersiedlung.* Dann sind es noch 25 Minuten zu Fuß.

WOMIT BIN ICH UNTERWEGS?
Zu Fuß.

LÄNGE & DAUER
Ca. 7 km lange Rundwanderung, etwa 2 h.

WAS NEHME ICH MIT?
Festes, wasserdichtes Schuhwerk, Sonnen-/Regen-/Mückenschutz, ausreichend zu trinken, evtl. Proviant.

GUTES ESSEN
Die *Waldschänke Brückkanal* liegt idyllisch an der alten Kanalbrücke und serviert leckere Brotzeiten und fränkische Hausmannskost.
brueckkanal.com

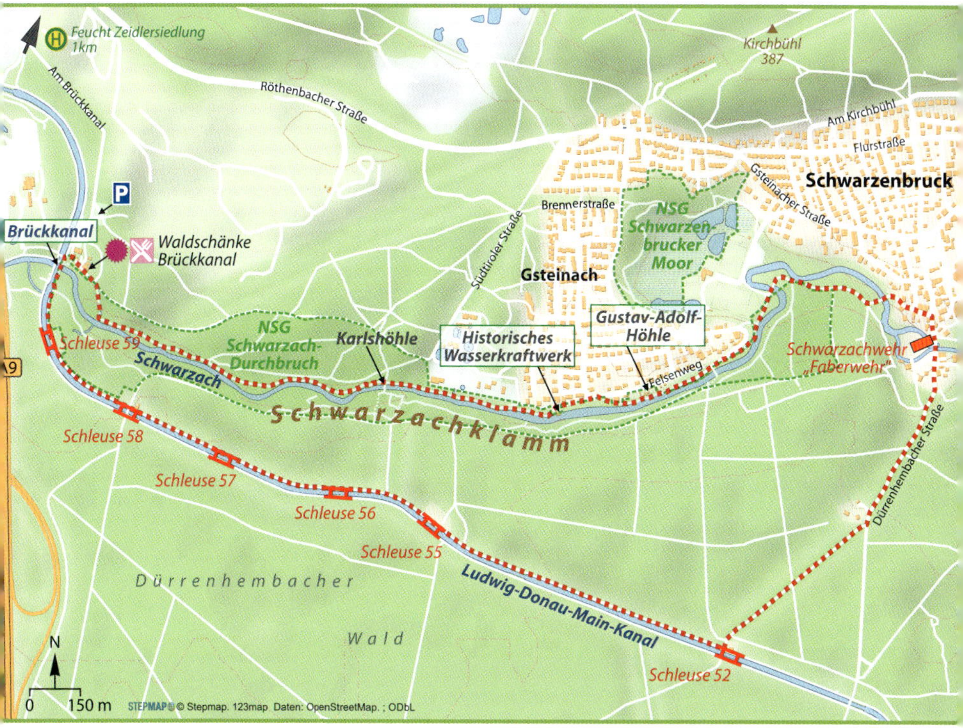

Feucht Zeidlersiedlung 1km
Kirchbühl 387
Röthenbacher Straße
Am Brückkanal
Am Kirchbühl
Flurstraße
Schwarzenbruck
Gsteinacher Straße
Brennerstraße
NSG Schwarzenbrucker Moor
Südtiroler Straße
P
Brückkanal
Waldschänke Brückkanal
Gsteinach
Gustav-Adolf-Höhle
Historisches Wasserkraftwerk
Karlshöhle
NSG Schwarzach-Durchbruch
Schleuse 59
Schwarzach
Felsenweg
Schwarzachwehr „Faberwehr"
Schwarzachklamm
Schleuse 58
Schleuse 57
Schleuse 56
Schleuse 55
Dürrenhembacher Straße
Dürrenhembacher
Wald
Ludwig-Donau-Main-Kanal
Schleuse 52
N
0 150 m
STEPMAP © Stepmap. 123map Daten: OpenStreetMap. ; ODbL

THANNGRABEN

Ein Spaziergang durch den Thanngraben verspricht Natur pur. Die Schwarzach und ihre Zuflüsse schlängeln sich durch den für Franken typischen Rhätsandstein und haben so manche Schlucht geschaffen – der Thanngraben ist eine der weniger bekannten.

Wir beginnen unsere **Wanderung** am Wanderparkplatz *Fröschau* am **Fröschauer Weiher** und folgen zunächst dem Uferweg auf der nördlichen Seite des Weihers. Dort haben wir im Frühjahr gar nicht so schlechte Aussichten darauf, Kanadagänse und Stockenten zu sehen. Im Wasser finden wir Zander und zahlreiche andere Fischarten, aber auch Muscheln und Krebse.

Anschließend geht es über den ausgeschilderten *Jakobsweg* am **Höhenbach** entlang, bis dieser zum **Thanngraben** wird. Nach der Holzbrücke über den Bach führt der Weg steil über die Wurzeln der alten Bäume hinauf bis zu einem Gedenkstein mit einer Bank, die zum Verweilen einlädt. Von dort geht es durch die wildromantisch anmutende Schlucht bis nach **Altenthann.** Vor allem am Oberlauf können wir den für die Gegend so typischen graubraunen Rhätsandstein entdecken, der aus einer Zeit stammt, als hier noch ein flaches Binnenmeer war.

Über die Brücke in **Pattenhofen** gelangen wir auf die südliche Seite der **Schwarzach** und folgen von da ab dem **Fränkischen Dünenweg** durchs **Schwarzachtal** bis zur Infotafel über die *Affalterbacher Kapelle.* Sie erzählt von der prächtigen Kapelle, die hier einst stand. Hinter dem Schild weist uns der schmale Fußpfad mit der «Markierung 2» den Weg durch den Wiesengrund und zurück zum Ausgangspunkt am **Fröschauer Weiher.**

Rummelsberg, Ochenbruck (Schwarzenbruck), Landkreis Nürnberger Land

BESTE ZEIT

Zu jeder Jahreszeit.

START & ANREISE

Wanderparkplatz am Fröschauer Weiher, Burgthanner Straße, 90592 Schwarzenbruck

ÖPNV: Mit der S1 bis *Ochenbruck*. Von dort knapp 20 Min. zu Fuß zum Fröschauer Weiher.

WOMIT BIN ICH UNTERWEGS?

Zu Fuß. Auf den teils wurzelgesäumten Wegen kann es bei Nässe und Schnee rutschig werden, daher empfiehlt sich gutes, wasserdichtes Schuhwerk.

LÄNGE & DAUER

Etwa acht Kilometer langer Spaziergang, ca. zwei Stunden.

WAS NEHME ICH MIT?

Gutes Schuhwerk, Sonnen-/Regen-/Mückenschutz, ausreichend zu trinken, evtl. Proviant.

GUTES ESSEN

Der *Landgasthof Weisses Kreuz* in Altenthann serviert bereits seit 1860 das Beste, was die fränkische Küche zu bieten hat. gasthof-weisseskreuz.de

EXTRA-TIPP

Alternativ zum Wandern kann man im *Waldseilpark Rummelsberg* seine Grenzen austesten. Vor allem der über 110 Meter lange Flying Fox lässt Herz und Puls höherschlagen. Eine Besonderheit ist der rollstuhlgerechte Teilabschnitt des Waldseilparks, auf dem Menschen mit und ohne Behinderung Naturerfahrungen in Verbindung mit Nervenkitzel erleben können. waldseilpark-rummelsberg.de

Besuch oder Abstecher zur *Burg Thann* im nahen Burgthann mit ihrem kleinen Heimatmuseum.

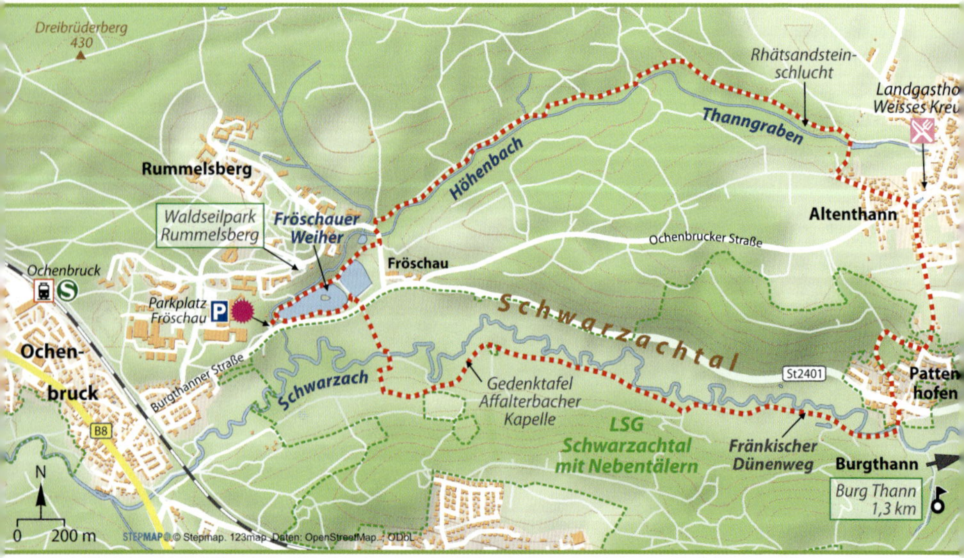

Dreibrüderberg 430
Rhätsandsteinschlucht
Landgastho[f] Weisses Kreu[z]
Thanngraben
Höhenbach
Rummelsberg
Waldseilpark Rummelsberg
Fröschauer Weiher
Altenthann
Ochenbrucker Straße
Fröschau
Ochenbruck
Parkplatz Fröschau
Schwarzachtal
Ochenbruck
Burgthanner Straße
Schwarzach
Gedenktafel Affalterbacher Kapelle
St2401
Pattenhofen
B8
LSG Schwarzachtal mit Nebentälern
Fränkischer Dünenweg
Burgthann
Burg Thann 1,3 km
N
0 200 m
STEPMAP © Stepmap. 123map. Daten: OpenStreetMap , ODbL

29

TREIDELSCHIFF ELFRIEDE

Auf unserer romantischen Treidelfahrt gleiten wir lautlos wie vor 165 Jahren zu Beginn der Kanalschifffahrt dahin und entdecken dabei eines der schönsten Naturdenkmäler Bayerns.

Der **Ludwig-Donau-Main-Kanal** – im Volksmund oft **Ludwigskanal** genannt – ist ein romantisches Relikt. Gebaut in Zeiten der Industrialisierung galt er damals als bauliches Meisterwerk. Nur schade, dass er schon kurz nach der Einweihung nicht mehr zeitgemäß war.

Eine Weile wurde der 178 Kilometer lange Kanal von Bamberg nach Kelheim jedoch von großen Lastkähnen, die mit Seilen von Pferden gezogen wurden, befahren. Die Fahrt dauerte damals sechs Tage und 100 Schleusen mussten überwunden werden.

Die meisten Treidelschiffe wurden später verschrottet, der *Alte Kanal* an vielen Stellen zugeschüttet – der noch vorhandene Teil ab der Nürnberger Gartenstadt wird allerdings liebevoll gehegt und gepflegt. Die kilometerlangen Treidelwege locken heute Wanderer, Jogger und Radfahrer an den Kanal.

Das Treideln wurde mittlerweile wieder belebt und an einigen Sonntagen im Jahr können wir einen Eindruck gewinnen, wie ruhig und beschaulich die Schifffahrt auf dem Kanal früher war.

Startpunkt der Treidelfahrt ist die Anlegestelle an der Gaststätte *«Zum Ludwigskanal»* in **Schwarzenbach** bei **Burgthann.** Von hier zieht Kaltblüter *Florian* das restaurierte **Treidelschiff Elfriede** – ein echtes Treidelschiff der königlich-bayerischen Kanalschifffahrt – bis zum **Dörlbacher Einschnitt.** Dort wird das Pferd umgespannt und anschließend geht es wieder zurück. Während der Fahrt erzählt der Kapitän Interessantes zur Kanalgeschichte und Seemannsgarn.

Treidelschiff Elfriede

Schwarzenbach (Burgthann), Landkreis Nürnberger Land

BESTE ZEIT

Von Mai bis September wird am 1. Sonntag im Monat auf dem Ludwigskanal getreidelt. Aktuelle Treideltermine (Reservierung nicht möglich): burgthann.de >Leben >Sehenswertes >Das Treidelschiff „Elfriede“

START & ANREISE

Die Anlegestelle für das Treidelschiff Elfriede befindet sich direkt am Gasthaus *Zum Ludwigskanal.* Parkplatz am Gasthaus, Dammweg 8, 90559 Burgthann.

ÖPNV: S-Bahn bis *Burgthann* (S1), von dort mit dem Bus (555) bis *Altdorfer Straße/ Schwarzenbach* oder drei Kilometer zu Fuß immer am Fluß entlang.

WOMIT BIN ICH UNTERWEGS?

Mit dem Treidelschiff.

WAS NEHME ICH MIT?

Sonnen-, Wind- und Regenschutz, Fotoapparat.

LÄNGE & DAUER

Einen halben Sommertag. Die reine Fahrtzeit mit dem Treidelschiff beträgt 45 Min.

GUTES ESSEN

Gasthaus Zum Ludwigskanal – traditionelle fränkische Spezialitäten, deftige Brotzeiten sowie Kaffee und Kuchen in gemütlicher Atmosphäre. Im Sommer sitzt man im schattigen Biergarten unter Linden direkt am Kanal. ludwigskanal.de

EXTRA-TIPP

Die romantische Fahrt auf dem Alten Kanal lässt sich gut mit dem Besuch des *Heimat- und Kanalmuseums* in der *Burg Thann* verbinden. Hier erfährt man mehr über die Planung, den Bau und die Kanalbauwerke. museum-burgthann.de

Treidelschiff Elfriede

Schwarzenbach (Burgthann), Landkreis Nürnberger Land

KUNST AM KANAL

Eine Kunstgalerie mitten in der Natur – wo gibts denn so was? Entlang des historischen Ludwig-Donau-Main-Kanals rund um Berg schmücken die Kunstwerke des Skulpturenwegs die Uferlandschaft und machen Kunst erlebbar.

Der **Ludwig-Donau-Main-Kanal,** auch **Ludwigskanal** oder einfach Alter Kanal, verlief zwischen Bamberg und Kelheim. Er wurde 1846 unter König Ludwig I. von Bayern fertiggestellt und verband, wie der Name schon verrät, Main und Donau. 1950 wurde der Kanal stillgelegt, später teils zugeschüttet und bebaut. Zwischen *Beilngries* und *Nürnberg* ist er jedoch noch weitgehend erhalten und an sonnigen Tagen bevölkern Spaziergänger, Jogger und Radfahrer die alten Treidelpfade am Ufer.

Zwischen **Unterölsbach** und **Beckenhof** bzw. **Richtheim** kommen kunstinteressierte Naturliebhaber entlang der historischen Wasserstraße voll auf ihre Kosten: Der **Skulpturenweg «Kunst am Kanal»** (KaK) mit sechs groß dimensionierten Objekten aus Stein, Holz und Stahl, welche von regionalen und internationalen Künstlern geschaffen wurden, macht Kunst erlebbar.

Den Auftakt macht die *«Himmelsleiter»* aus schwedischem Granit neben dem Kanalübergang bei **Unterölsbach.** Aber auch die nachfolgenden Kunstwerke fügen sich herrlich in die Kanallandschaft ein und lassen uns staunen, denn wer erwartet schon eine Kunstmeile inmitten der Natur?

Kunst am Kanal
Berg b. Neumarkt i.d.OPf.

BESTE ZEIT
Das ganze Jahr über.

START & ANREISE
ÖPNV: Start an der Bushaltestelle *Abzw. Unterölsbach* (512). Ziel Haltestelle *Abzw. Richtheim* (512). Der Bus fährt vom und zum *Bahnhof Altdorf* (S3).

Parkplatz am Bahnhof Altdorf, Bahnhofstr. 18a, 90518 Altdorf bei Nürnberg.

LÄNGE
Etwa sieben Kilometer.

WOMIT BIN ICH UNTERWEGS?
Zu Fuß oder mit dem Fahrrad.

WAS NEHME ICH MIT?
Sonnen-/Regenschutz, Badesachen, ausreichend zu trinken und evtl. Proviant.

GUTES ESSEN
Sehr leckeres Eis gibt es in der *Eislounge Berg.* facebook.com/Eislounge

Gutbürgerliche fränkische Küche gibts von Do-So im *Gasthaus Yberle.* gasthaus-yberle.de

EXTRA-TIPP
An der Röthbrücke bei Berg lockt eine *Badestelle mit Schwimmponton.* Wir packen also die Badesachen ein und wagen einen Sprung in den Ludwig-Donau-Main-Kanal!

Kunst am Kanal
Berg b. Neumarkt i.d.OPf.

BIBERPFAD AM FABERHOF

Ein perfekter Startpunkt zur Erkundung des Faberwalds ist die Straßmühle. Biberpfad, Wildgehege und Kletterpark inklusive!

Schräg gegenüber der *Straßmühle* bei der Brücke über den **Finsterbach** beginnt der **Biberpfad.** Zunächst führt der schmale Weg südlich der **Straßweiher** entlang. Zwischen den letzten beiden Teichen geht es über einen Damm und anschließend am nördlichen Ufer dem «Wanderweg Nr. 5» folgend, einmal rund um die Teiche.

An den **Straßweihern** ist kaum etwas los, und wir genießen die Ruhe, während wir die Augen offen halten. Dann entdecken wir vielleicht einen der pelzigen, fleißigen Nager mit den langen, gelben Zähnen – die Rede ist vom Biber – in der Uferzone. Am besten zu sehen ist der scheue Baumeister in der Dämmerung oder auch nachts. Seine kunstvollen Behausungen kann man hingegen immer erspähen und die angenagten und gefällten Bäume zeugen ebenfalls von seiner Anwesenheit. Seltene Wasservögel lassen sich hier außerdem beobachten.

Zurück an der *Straßmühle* (die *Waldschänke* hat leider geschlossen) bleibt noch genug Zeit, um einen Spaziergang durch den angrenzenden **Wildpark** mit Rot-, Dam- und Schwarzwild zu machen.

Wer Kinder hat, wird sich über den **Kletterwald Straßmühle** mit großzügigen Kletterparcours für alle Altersklassen freuen.

BESTE ZEIT
Zu jeder Jahreszeit.

Der *Kletterwald* ist von März bis November geöffnet.

Der Nachwuchs im *Wildpark* lässt sich am besten im Frühjahr bestaunen.

START & ANREISE
Parkplatz Strassmühle, Straßmühle 21, 90602 Pyrbaum, oder gegenüber am Parkplatz Faberhof.

ÖPNV: Mit U1 bis *Langwasser Mitte,* weiter mit Bus 602 nach *Altes Rathaus Wendelstein,* Umstieg in Bus 601 und bis *Straßmühle Faberhof.*

WOMIT BIN ICH UNTERWEGS?
Zu Fuß.

LÄNGE & DAUER
Für den 1,6 km langen Biberpfad benötigen wir rund 45 Minuten. Man kann im wunderschönen Faber-Castell-Wald aber auch gut und gerne einen ganzen Tag verbringen.

WAS NEHME ICH MIT?
Bequeme Schuhe und Regen-/Sonnenschutz. Für den Kletterwald strapazierfähige und bequeme Kleidung.

GUTE ESSEN
Rund 10 Auto-Minuten sind es zum *Gasthof Endres* in Göggelsbuch, wo vor allem fränkische Spezialitäten aus eigener landwirtschaftlicher Produktion und hauseigener Schlachtung auf der Karte stehen.
gasthof-endres.de

EXTRA-TIPP
Im Anschluss an eine Wanderung durch den gräflichen Forst kann man seine Grenzen im *Kletterwald Straßmühle* austesten.
Auf elf abwechslungsreichen Kletterparcours kann man hier von Baum zu Baum balancieren und die Natur aus der Vogelperspektive bestaunen.
kletterwald-strassmuehle.de

Andere gehen vielleicht in den *Wildpark Faberhof,* um hautnah Rotwild, Damwild, Schwarzwild und Galloway-Rinder zu erleben.

ROTHSEE

Wie auch die anderen Seen im Fränkischen Seenland wurde der Rothsee ursprünglich angelegt, um die Wasserverteilung zwischen dem wasserreichen Süd- und dem wasserarmen Nordbayern auszugleichen. Heute ist der Rothsee jedoch auch eine faszinierende Ferien- und Freizeitlandschaft.

An heißen Sommertagen ist man am besten früh am Start, um den von Wiesen und Wäldern umgebenen **Rothsee** zu besuchen und die Ruhe zu genießen. Je später am Tag, desto voller wird es am See, besonders an den Wochenenden.

Der 210 Hektar große See ist durch einen Damm geteilt, wobei die **Vorsperre** ausschließlich Badegästen vorbehalten ist, während die **Hauptsperre** ein ideales Revier für Segler und Surfer ist. Auch dort gibt es für Badegäste aber einen Schwimmponton.

Sonnenhungrige genießen den Tag an einem der **Strände** an den drei Erholungszentren: *Seezentrum Heuberg, Birkach* und *Grashof*. An der Hauptsperre gibt es außerdem einen Strand, an dem auch Vierbeiner willkommen sind.

Ein zwölf Kilometer langer **Uferweg** führt Wanderer und Radfahrer rund um den See und verbindet die Seezentren und die **zwei Naturschutzgebiete** *NSG Stauwurzel des Rothsees* und *NSG Nordwestufer der Rothsee-Hauptsperre*.

Herrlich entspannen kann man beim Vögel beobachten oder im Wolkenkino an der integrativen **Umweltstation,** während die Kleinen dort fröhlich im Wasser-Matsch-Bereich spielen. Beliebt ist bei Alt und Jung auch die **Minigolfanlage** im *Seezentrum Heuberg* und das **Beachvolleyballfeld** am *Seezentrum Birkach*.

Birkach, Grashof, Heuberg, Landkreis Roth, Fränkisches Seenland

BESTE ZEIT
Natürlich in der Badesaison. Wer kann, meidet die heißen Wochenenden oder ist früh vor Ort.

START & ANREISE
Gebührenpflichtige Parkplätze gibt es an allen drei Seezentren.

ÖPNV: Mit der S-Bahn (S5) oder RE1 von Nürnberg nach *Allersberg*. Von dort mit Bus 633 (Rothsee-Express) zu den *Seezentren Grashof* und *Heuberg*.

WOMIT BIN ICH UNTERWEGS?
Zu Fuß, mit dem Fahrrad oder auf dem Wasser.

WAS NEHME ICH MIT?
Badesachen, Sonnenschutz, ausreichend zu trinken, evtl. Proviant.

GUTES ESSEN
Authentische fränkische Spezialitäten, selbst gebackenen Kuchen und überaus köstlichen Kaiserschmarrn gibt es im *Strandhaus Birkach*. strandhaus-birkach.de

Etwas abseits vom See im Dörfchen Haimpfarrich sitzt man herrlich unter der großen alten Linde im wunderschönen altfränkischen Biergarten des *Gasthauses Reitenspieß* und genießt leckere, traditionell fränkische Spezialitäten wie Sauerbraten und Baggers.

EXTRA-TIPP
Wer gerne aufs Wasser oder aktiv sein möchte, wird im *Seezentrum Heuberg* fündig:

SUPriders (SUP-Boards, SUP-Kurse & Yoga) am Wochenende, feiertags und in den Schulferien. supriders.de

Firma Herzog beim Segelhafen (Tretboot- und Fahrradvermietung).

Segelschule Rothsee (Segeljollen), segelschule-rothsee.de

Nur 300 Meter entfernt vom Hauptsperrendamm führt der Main-Donau-Kanal mit der Schleuse Eckersmühlen vorbei. Von der Aussichtsplattform genießt man beste Blicke auf die Schleusenvorgänge.

LBV Umweltstation Rothsee – die einem Vogelnest nachempfundene Umweltstation informiert im Ausstellungs- & Forscherraum,

Außengelände und auf dem Klimadeck über Umweltthemen, Mobilität und Ernährung (Sa 13-18, So+Fei 11-17, Mai-Okt zusätzl. Di-Fr 14-18 Uhr). rothsee.lbv.de

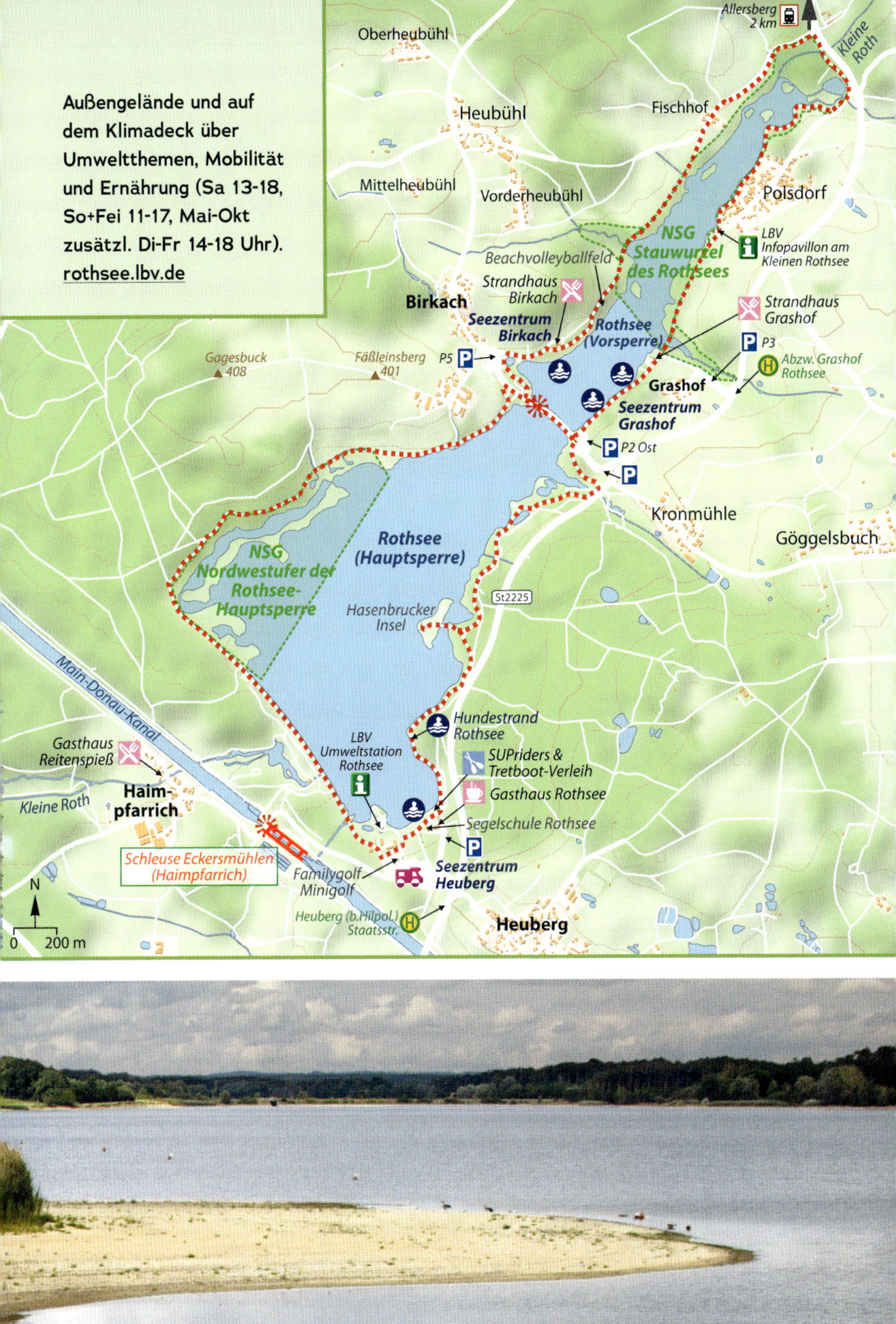

ENTLANG DER LAUTERACH VON KASTL NACH SCHMIDMÜHLEN

Kleine Ortschaften, Felsformationen und Wacholderbüsche prägen die weite Landschaft im Lauterachtal – ein idyllisches Flusstal im Bayerischen Jura.

Vom *Kastl Städt Brunnen* führt uns der Weg durch den Ort vorbei an der imposanten **Klosterburg** mit der romanischen **Basilika** und dem **Heimatmuseum.** Haben wir **Kastl** erst einmal verlassen, weist uns der Fluss den Weg auf dem **Lauterachtal-Radweg** durch das idyllische **Lauterachtal** bis nach Schmidmühlen.

Die ebene Strecke durch die als **«Toskana der Oberpfalz»** bekannte Region ist eingerahmt von spektakulären Felsformationen, Trockenrasen, Orchideen, duftenden Wacholderheiden und Fischzuchten, in denen die schmackhafte Lauterachforelle heranwächst. Sehenswerte Wallfahrtskirchen, verzauberte Burgen und verträumte Ortschaften liegen am Weg. Das Plätschern des Jurabachs begleitet uns, und der würzige Duft von wildem Thymian liegt in der Luft – da wähnt man sich tatsächlich eher in der Toskana als mitten in Bayern.

Kurz vor Hohenburg lädt das *Café Hammermühle* zum Verweilen ein. Hier kocht Beate Schaller – Gewinnerin der Landfrauenküche – mit Tochter Katharina feine regionale Speisen mit Biozutaten vom eigenen Hof oder von nah gekauft. Sehr lecker!

Etwas Zeit nehmen sollte man sich auch für **Hohenburg** mit dem historischen Ortskern, der imposanten **Burgruine Hohenburg** und dem **Fledermaushaus,** die einzige Wochenstube der Großen Hufeisennase in Deutschland. Dann fahren wir weiter nach **Stettkirchen** und bewundern den barocken Hochaltar der **Wallfahrtskirche.** Die Tour endet in **Schmidmühlen,** wo die Lauterach in die Vils fließt.

Kastl, Hohenburg, **Entlang der Lauterach von Kastl nach Schmidmühlen**
Schmidmühlen (Oberpfalz), Naturpark Hirschwald, Landkreis Amberg-Sulzbach

BESTE ZEIT

Zu jeder Jahreszeit, idealerweise im Sommer.

START & ANREISE

Kastl Städt Brunnen (Marktplatz 1, 92280 Kastl). Parkplätze am Straßenrand.

ÖPNV:

Anreise nach Kastl: Mit der S-Bahn (S1) bis *Neumarkt,* dort mit Bus 460 nach *Marktplatz, Kastl bei Amberg.*

Abreise von Schmidmühlen: Mit Bus 454 zum *Bhf Amberg* und dann mit dem Regionalexpress zurück nach *Nürnberg.*

WOMIT BIN ICH UNTERWEGS?

Mit dem Fahrrad.

LÄNGE & DAUER

Mit Besichtigungen und Einkehr sollte man für diese etwa 24 Kilometer lange Radtour einen Tag einplanen.

WAS NEHME ICH MIT?

Sonnen-/Regenschutz, Fahrrad-Reparatur-Set, Fahrradbrille, ausreichend zu trinken und evtl. Proviant.

GUTES ESSEN

Im *Marktladen & Café* im *Rathaus* von Hohenburg gibt es leckere Brotzeitplatten, Kaltgetränke, Kaffeespezialitäten und Eis. marktladen-cafe-hohenburg.de

Das *Café Hammermühle* liegt idyllisch an der Lauterach und verwöhnt seine Gäste mit feinen, regionalen, auch vegetarischen und veganen Spezialitäten. Im dazugehörigen *Hofladen* kann man sich für zu Hause mit Produkten vom *Biohof Schaller* eindecken. cafe-hammermuehle-bio.de

EXTRA-TIPP

Der Höhepunkt des Jahres in Schmidmühlen ist das traditionell am ersten Augustwochenende stattfindende *Marktfest* – die größte Open-Air-Party im unteren Vilstal mit Festzug, Musik, Volkstanz, Drischldresch'n (Ausklopfen der Körner aus den Ähren) und vielem mehr.

ACHTUNG

Der *Truppenübungsplatz Hohenfels* grenzt auf fast der gesamten Länge des Radweges südlich an. *Das Betreten ist verboten!* Ebenso darf die auf dem Gelände des Truppenübungsplatzes liegende Burgruine Hohenburg ohne Genehmigung nicht betreten werden.

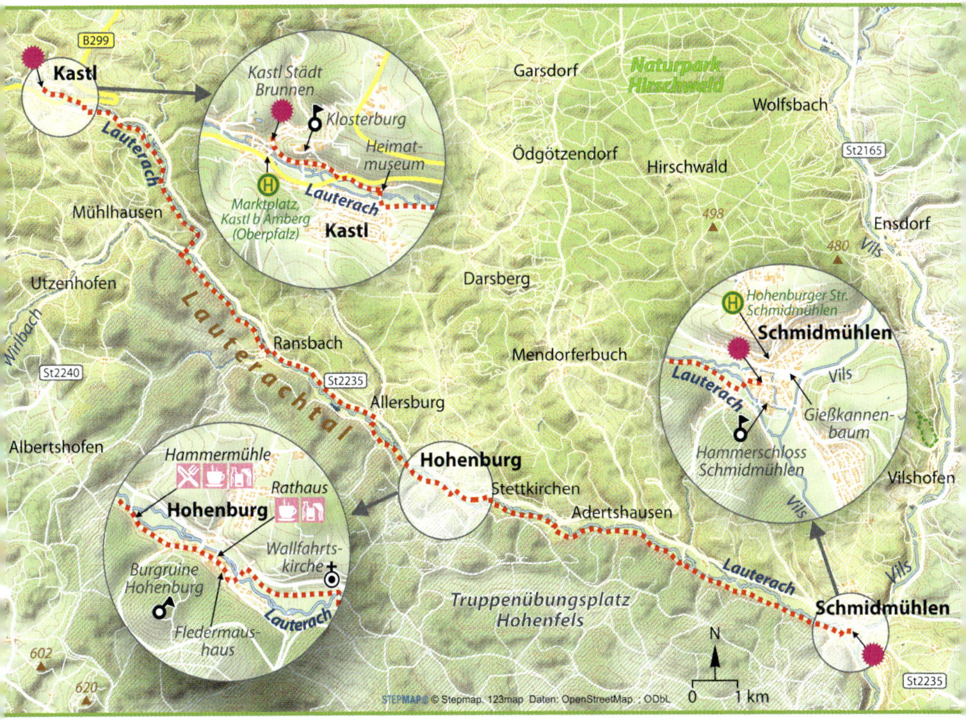

B299
Kastl
Kastl Städt Brunnen
Klosterburg
Heimat-museum
Marktplatz, Kastl b Amberg (Oberpfalz)
Lauterach
Kastl
Garsdorf
Naturpark Hirschwald
Wolfsbach
Ödgötzendorf
Hirschwald
St2165
Mühlhausen
498
Ensdorf
480
Vils
Utzenhofen
Darsberg
Wirlbach
St2240
Lauterachtal
Ransbach
Mendorferbuch
St2235
Allersburg
Hohenburger Str. Schmidmühlen
Schmidmühlen
Lauterach
Vils
Gießkannen-baum
Hammerschloss Schmidmühlen
Albertshofen
Hohenburg
Stettkirchen
Vilshofen
Hammermühle
Rathaus
Hohenburg
Adertshausen
Wallfahrts-kirche
Burgruine Hohenburg
Fledermaus-haus
Lauterach
Truppenübungsplatz Hohenfels
Lauterach
Schmidmühlen
Vils
602
620
N
0
1 km
St2235
STEPMAP © Stepmap, 123map Daten: OpenStreetMap, ODbL

VON NEUMARKT ENTLANG DER SCHWARZEN LABER NACH PARSBERG

Einzigartige Juralandschaft, idyllische Mühlen, romantische Kirchen, Burgruinen und malerische Orte mit vielen Sehenswürdigkeiten – all das macht die Schönheit des Tals der Schwarzen Laber aus.

Vom Bahnhof in Neumarkt führt uns der Weg über Pilsach zur **Laber Quelle** bei **Laaber** und von da an immer entlang der *Schwarzen Laber* durch den **Bayerischen Jura** – «blaue Lesesteine» weisen den Weg.

Auf gut 25 Kilometern bis hin nach Parsberg verzaubern uns bunte Blütenmeere, geheimnisvolle Moore, sonnige Talhänge mit Magerrasen, schroffe Felsen, idyllische Mühlen und imposante Burgruinen.

Pittoreske Ortschaften am Radweg sind **Pilsach** (mit *Wasserschloss*) und **Dietkirchen** (mit dem schönen *Rosenfriedhof).* Ein Schlenker führt ins historische Städtchen **Velburg,** mit der hoch über dem Ort thronenden *Burgruine* und auch an den malerischen *Marktplatz* mit den bunten Häusern und dem *neugotischen Rathaus.*

Zwei Besonderheiten am Radweg entlang der Schwarzen Laber sind die *Doggerfelsen* bei **Niederhofen** – eine Sandstein-Felswand mit Felsenkellern, die zu den 100 bedeutendsten Naturwundern Bayerns zählt – und das *Deusmauer Moor* bei **Pilsach,** das einen wertvollen Feuchtlebensraum für zahlreiche seltene Pflanzen und Tiere bildet.

Wer möchte, kann die Radtour durch das Tal der Schwarzen Laber ab Parsberg fortsetzen bis nach Sinzing bei Regensburg, wo die Laber in die Donau mündet.

BESTE ZEIT

Zu jeder Jahreszeit, idealerweise im Sommer.

START & ANREISE

Sowohl Start als auch Ziel sind mit öffentlichen Verkehrsmitteln zu erreichen. Man kann und sollte das Auto also zu Hause lassen und den Zug nutzen.

ÖPNV:

Start: *Bahnhof Neumarkt i.d.OPf.* (S1).

Ziel: *Bahnhof Parsberg* (RE50).

Wer die Radtour verlängern möchte: Der RE50 hält auch in *Beratzhausen, Laaber, Deuerling* und *Regensburg.*

WOMIT BIN ICH UNTERWEGS?

Mit dem Fahrrad.

LÄNGE & DAUER

Einen ganzen Tag sollte man sich für diese rund 30 Kilometer lange Radtour Zeit lassen.

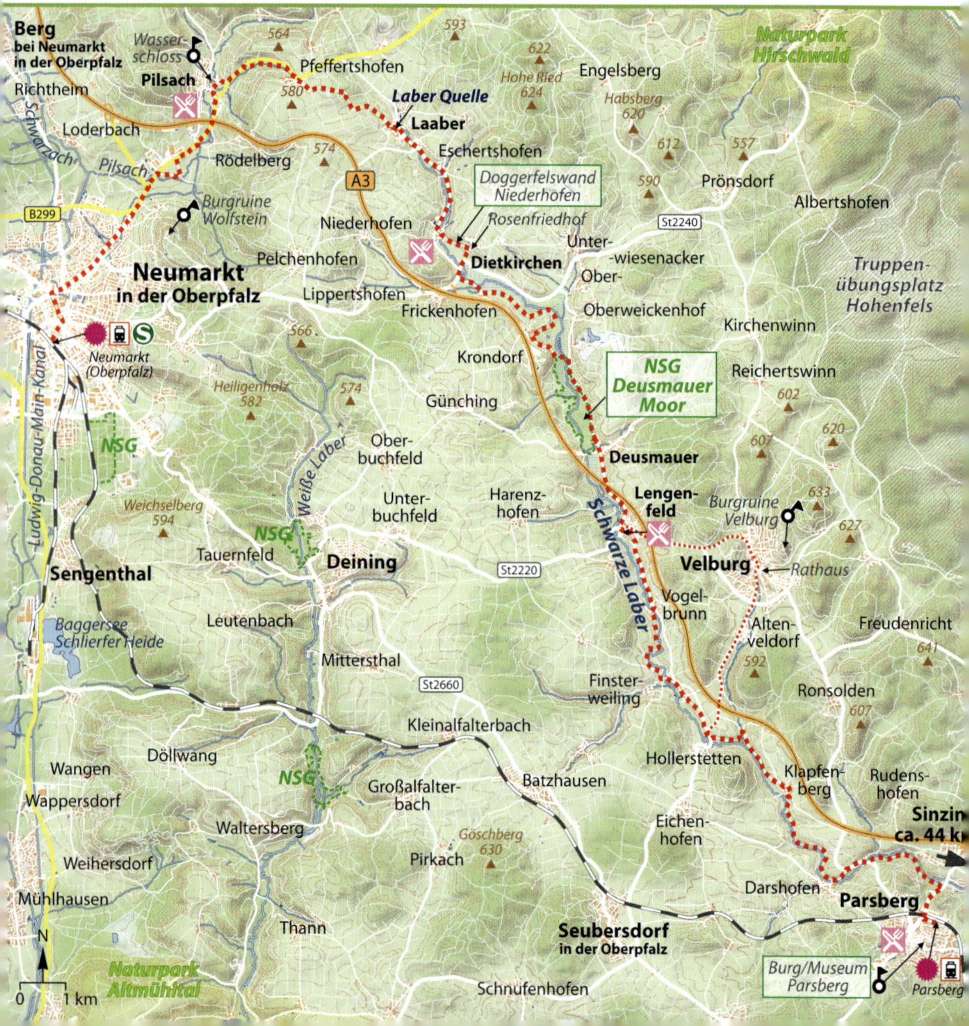

Von Neumarkt bis nach Sinzing, wo die Laber in die Donau mündet, sind es etwa 85 Kilometer. Dafür sollte man ein ganzes Wochenende einplanen, denn am Wegesrand gibt es unendlich viel zu sehen!

WAS NEHME ICH MIT?

Sonnen-/Regenschutz, Fahrrad-Reparatur-Set, Fahrradbrille, ausreichend zu trinken und Proviant.

GUTES ESSEN

Entlang der Strecke finden sich zahlreiche schöne Biergärten, Restaurants und Cafés. Einige Beispiel:

Gasthof Zum Hirschen in Pilsach, *Bistro Niederhofen* in Niederhofen, *Winkler Bräu* in Lengenfeld, *Romantik Hotel Hirschen* in Parsberg.

EXTRA-TIPP

Das *Haus am Habsberg* bietet regelmäßig spannende *Führungen* durch das sonst nahezu unzugängliche *Deusmauer Moor* an. hausamhabsberg.de

Lohnend ist am Ende der Tour ein Besuch der *Burg Parsberg,* einer komplett erhaltenen Burganlage mit Zwiebeltürmen, Innenhof und Burgmuseum. Die 1.000-jährige Burganlage thront über dem Tal der Schwarzen Laber und informiert in ihrem 1.200 qm großen *Burgmuseum* über die Geschichte der Region und bietet auch *Kinderführungen* an. Ein kulturelles Highlight ist sicherlich das *Burgtheater,* das mit seinem breiten Repertoire an Theater- und Genrestücken alljährlich die Inszenierungen der *Burgspiele Parsberg* prägt. burgspiele-parsberg.de

AUF DEM MALERWEG DURCHS LABERTAL

Kunstsinnig unterwegs im malerischen Labertal! Pittoreske Landschaften, zauberhafte Kleinode und die Schwarze Laber begleiten Wanderer auf dieser Tour – feinster Kunstgenuss inklusive.

Die Landschaft rund um Parsberg ist zum Malen schön, sodass sich hier viele Künstlerinnen und Künstler inspirieren ließen. Die schönsten Spots und Blickwinkel in die Natur erkunden wir auf dieser Tour.

An den *Wegstationen* zwischen **Parsberg, Klapfenberg, Eichenhofen** und **Darshofen** zeigen *Bilderrahmen*, wo einst schon Malerinnen und Maler gesessen haben, um die Schönheit der Landschaft auf ihre Leinwand zu bannen.

Einen romantischen Teilabschnitt des **Malerwegs** bildet der **Labertalweg.** Die ehemaligen Mühlen *Hammermühle, Bienmühle, Steinmühle* oder *Bogenmühle* in den gleichnamigen Weilern und schroffe Kalksteinriffe säumen hier das Ufer der **Schwarzen Laber.** Schöne von Künstlern gestaltete *Rast-Pavillons* laden zum Verweilen ein.

Wem der in einer Acht angelegte Malerweg zu lang ist, kann ihn auch in zwei kleinen Schlaufen erwandern. Der Weg passt sich Lust, Wanderlaune und Wetter an.

45

BESTE ZEIT

Zu jeder Jahreszeit.

START & ANREISE

Parkplatz am Bahnhof Parsberg, Bahnhofstr. 5, 92331 Parsberg.

ÖPNV: Regionalbahn (RE50) von Nürnberg nach *Parsberg.*

LÄNGE & DAUER

Für diese 18 Kilometer lange Wanderung sollte man etwa fünf Stunden einplanen.

WOMIT BIN ICH UNTERWEGS?

Zu Fuß.

WAS NEHME ICH MIT?

Bequeme, feste Schuhe, Sonnen- & Regenschutz, ausreichend zu trinken und evtl. Proviant. Evtl. Mückenschutz.

GUTES ESSEN

Eine richtig gute Adresse in Parsberg ist der *Hirschkönig,* ein urgemütliches Gourmet-

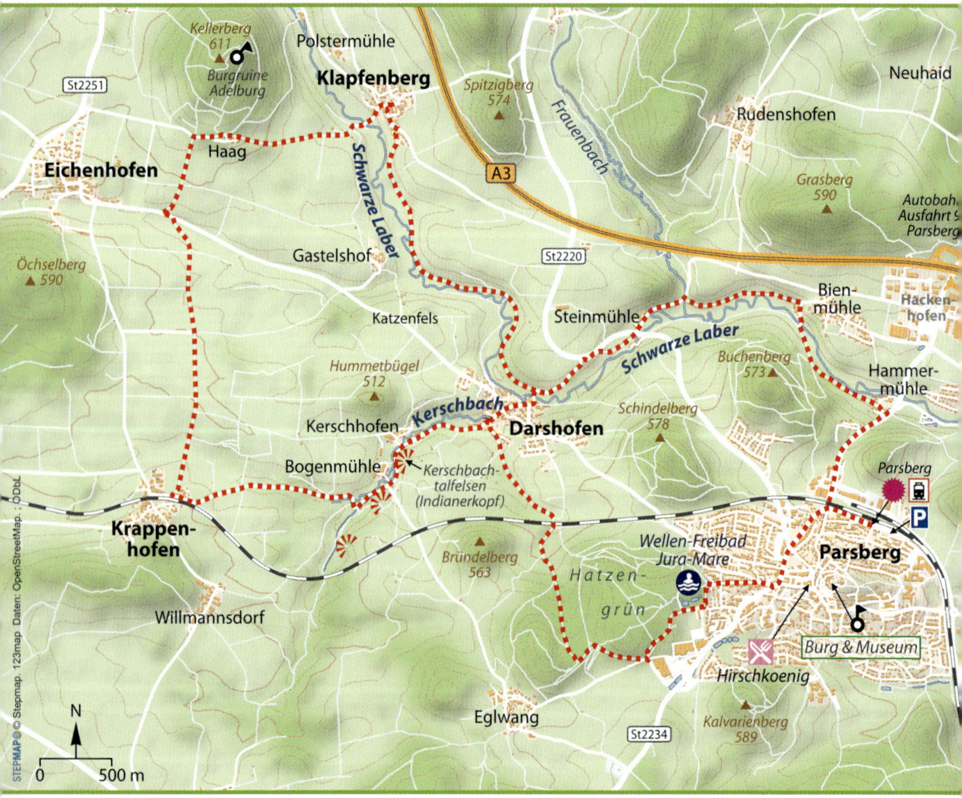

 Auf dem Malerweg durchs Labertal

Parsberg, Klapfenberg, Eichenhofen, Darshofen, Landkr. Neumarkt i.d.OPf.

Restaurant mit einer Prise Lässigkeit. Hier werden feinste regionale Produkte ohne Schnick und Schnack, dafür auch mal ein wenig frech angerichtet, serviert. restaurant-hirschkoenig.com

EXTRA-TIPP

Burg Parsberg: In Parsberg lohnt ein Abstecher zur malerischen *Burganlage,* die hoch über der Stadt auf einem Felsplateau thront. Sie beherbergt das rund 1.200 qm große *Burgmuseum.* Die historische, volkskundliche und zeitgeschichtliche Sammlung gibt interessante Einblicke in die Entwicklung der Region und das Leben der Menschen von der Vorgeschichte bis in die Neuzeit. Herrliche Ausblicke auf das Tal der Schwarzen Laber genießt man vom romanischen *Bergfried* und vom *Burggarten.* burg.parsberg.de

KALLMÜNZ

Wasser ist in Kallmünz allgegenwärtig, denn der Künstlerort liegt am Zusammenfluss von Naab und Vils. Auf geht's in die Perle des Naabtals!

Von welcher Seite man sich **Kallmünz** auch nähert, zuerst sticht einem der 110 Meter hohe Kalkfelsen ins Auge – der **Schlossberg,** auf dem eine *Burgruine* thront. Darunter kuschelt sich das Örtchen mit seinen engen mittelalterlichen Gassen an den Felsvorsprung. Das *Haus ohne Dach* ist gar in den Felsen gebaut.

Über die **Naab** führt die **Steinerne Brücke** mit dem *Brückenpatron Nepomuk,* an die sich das alte **Renaissance-Rathaus** mit dem schiefen Turm schmiegt. Daneben spiegeln sich die bunten Häuschen mit den hübschen Terrassen und Treppchen im Fluss.

Ins Auge stechen auch die alten **Wandgemälde an den Häusern,** die verschiedene Maler hier hinterlassen haben. Das mittelalterliche Kallmünz mit seinen pittoresken Häusern und der idyllischen Lage ist seit jeher ein Anziehungspunkt für Künstler – der berühmteste unter ihnen war der Maler *Wassily Kandinsky.*

Über mehrere aussichtsreiche Wege ist die **Burgruine,** das Wahrzeichen von Kallmünz, erreichbar. Sie ist umgeben vom größten Ringwall der Oberpfalz und bietet fantastische Postkartenblicke auf den darunterliegenden Ort.

Kallmünz: Altstadt, Landkreis Regensburg

BESTE ZEIT
Zu jeder Jahreszeit. Auf dem Wasser von Frühjahr bis Herbst.

START & ANREISE
Parkplatz hinter dem Rathaus, Keltenweg 1, 93183 Kallmünz.

ÖPNV: Mit dem Bayernticket im Nahverkehrszug nach *Regensburg Hbf* und von dort mit dem Bus 15 bis *Kallmünz Friedhofplatz.*

WOMIT BIN ICH UNTERWEGS?
Zu Fuß und/oder mit Kanu.

DAUER
Ein halber Tag auf dem Wasser oder ein beliebig langer Spaziergang zwischen Altstadt, den Flüssen Vils und Naab und der Burgruine.

WAS NEHME ICH MIT?
Sonnen-/Regenschutz, ggf. Wechselkleidung (wasserdicht verpackt), ausreichend zu trinken.

GUTES ESSEN
In der kultigen kleinen *Trattoria Trinacria* sitzen wir auf der Terrasse direkt an der Naab und genießen italienische Spezialitäten und einen traumhaften Ausblick.

Besten Blick auf die Naab genießen wir auch im *MühlenCafé* an der alten Naabmühle. Dazu gibts herrliche, selbst gemachte Kuchen und Torten.

Das kleine urige *Wirtshaus Zum Bürstenbinder* ist das kleinste Wirtshaus der Oberpfalz. Hier sitzt man nah beieinander, isst handgemachte Bauchstecherla mit Sauerkraut und prostet sich mit dem hausgebrauten „Gänsbügl“ zu. Wer da nicht ins Gespräch kommt . . . ! zum-buerstenbinder.com

EXTRA-TIPP
Kanufahren: Wer gerne auf Naab oder Vils Bootswandern möchte, findet hier einige Vermieter:

Bootsverleih Pielenhofen (Canadier, Kajak, SUP). bootsverleih-pielenhofen.de

KM8 Kanuverleih Penk (Canadier, Kajak und SUP). kanuverleih-penk.de

Kanuschorsch (Kajak und Canadier). kanuschorsch.de

Umfassende Infos liefert das Buch KANU KOMPAKT Naab & Vils vom Thomas Kettler Verlag. kanu-buch.de

Kallmünz: Altstadt, Landkreis Regensburg

AUF DER MS RENATE DURCHS ALTMÜHLTAL

Wer das Altmühltal aus einem ganz neuen Blickwinkel kennenlernen möchte, bricht auf zu einer Schifffahrt von Riedenburg nach Kelheim. Während uns der Wind um die Nase weht, geniessen wir spektakuläre Ausblicke auf die Berge, malerische Orte und imposante Burgen.

Die **MS Renate** pendelt im herrlichen Naturpark Altmühltal zwischen Riedenburg und Kelheim auf der **Altmühl,** die hier im Flussbett des **Main-Donau-Kanal** fließt.

Die Fahrt beginnt in **Riedenburg,** der «Perle des Altmühltales» mit der spektakulär über dem Ort thronenden *Rosenburg.* Von dort geht es nach **Kelheim.** Wahlweise kann die Tour auch von Kelheim nach Riedenburg gemacht werden. Egal wie rum, die Fahrt ist immer toll!

Auf der **Schifffahrt** passieren wir das historische Pfarrdorf **Prunn** und genießen den Blick auf die *Burg Prunn,* die auf einem Felsen hoch über der faszinierenden Flusslandschaft des Altmühltales thront. Wir fahren unter dem *Tatzelwurm,* einer der längsten Holzspannbrücken Europas, hindurch und bestaunen den malerisch gelegenen Markt **Essing.**

Kelheim empfängt uns mit Blick auf die imposante *Befreiungshalle* auf dem *Michelsberg,* die Anfang des 19. Jahrhunderts von *König Ludwig I.* als Denkmal zu Ehren der Siege über Napoleon während der Befreiungskriege erbaut wurde.

In **Kelheim** mündet die Altmühl gemeinsam mit dem Main-Donau-Kanal dann auch in die **Donau** und so endet unsere Fahrt hier. Ein Spaziergang durch das reizvolle Städtchen muss aber noch sein, bevor wir die Heimreise antreten.

Riedenburg, Kelheim, Landkreis Kelheim, Naturpark Altmühltal

BESTE ZEIT
Die Schiffe verkehren von Mai bis Oktober.

START & ANREISE
Verschiedene Startpunkte im Altmühltal, z. B. in Riedenburg oder Kelheim. Infos: renate.de

WOMIT BIN ICH UNTERWEGS?
Mit dem Schiff (Gastronomie an Bord).

DAUER
Rund 2,5 Stunden.

WAS NEHME ICH MIT?
Sonnen- & Regenschutz, Fernglas, Fotoapparat.

GUTES ESSEN
Der *Brauereigasthof Schneider* (mit 24 Zimmern) liegt idyllisch direkt an der Altmühl in Essing und ist ein echter Geheimtipp. In der gemütlichen Gaststube werden von Küchenchef Johannes Schneider Gerichte aus feinsten heimischen und saisonalen Zutaten serviert. Dazu trinkt man die von Bruder Matthias gebrauten süffigen Biere. brauereigasthof-schneider.de

EXTRA-TIPP
Mehrere schöne *Wanderwege* führen durch den *Donaudurchbruch* – genannt Weltenburger Enge – zum malerisch gelegenen *Kloster Weltenburg* mit der ältesten *Klosterbrauerei* der Welt. Die *Klosterschenke* lockt zur Einkehr, das *Gästehaus* zum Bleiben. kloster-weltenburg.de

Alternativ nimmt man das Schiff ab Kelheim zum Kloster. schifffahrt-kelheim.de/donaudurchbruch

Im *Kristallmuseum Riedenburg* erfährt man mehr über die faszinierende Welt der Kristalle. Das Herz des Museums bildet die weltgrößte und rund acht Tonnen schwere Bergkristallgruppe, die jeden Besucher in seinen Bann zieht. kristallmuseum-riedenburg.de

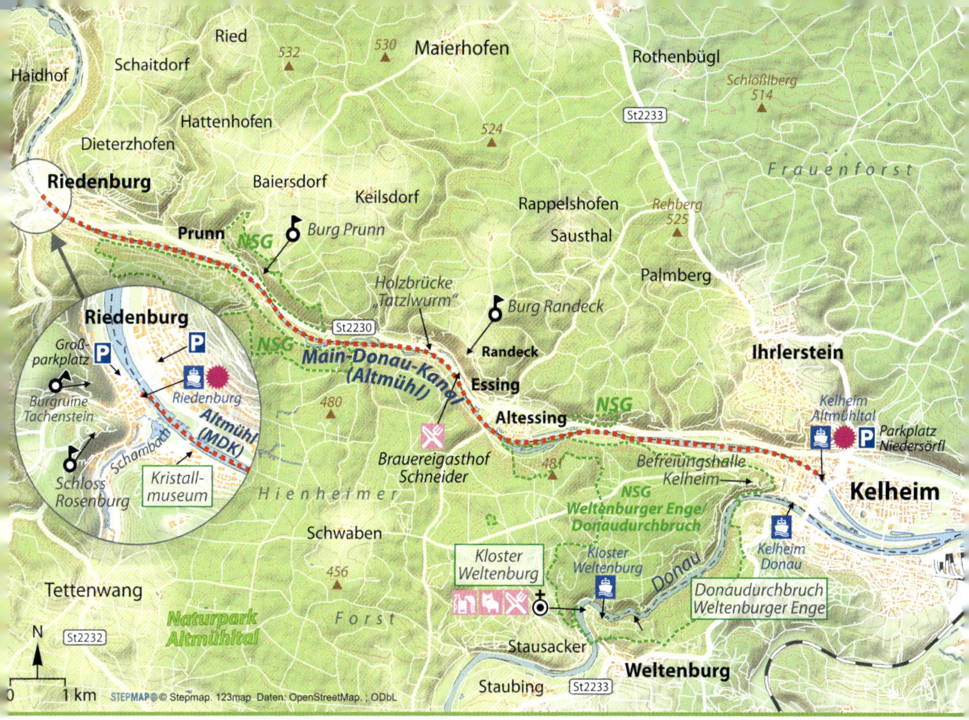

TILLYLAND-SCHLAUFE

Wer sich auf die Spuren des Feldherrn Tilly begeben will, bricht auf zu einer Wanderung über Berg und Tal an der Breitenbrunner Laber, einem Zufluss der Weißen Laber. Die Tillyland-Schlaufe verbindet Markt Breitenbrunn und die 7-Täler-Stadt Dietfurt auf genussvolle Weise.

Benannt wurde der **Schlaufenweg** am **Jurasteig** nach *Graf Johann Tserclaes von Tilly* – neben *Wallenstein* der bedeutendste Feldherr im Dreißigjährigen Krieg. Als Dank für seine herausragenden Taten erhielt er den Markt Breitenbrunn als Geschenk von *Kurfürst Maximilian von Bayern* und ist daher mit der Geschichte des Ortes bis heute eng verbunden und allgegenwärtig.

Wir starten unsere Wanderung am *Marktplatz* von **Breitenbrunn** und verlassen den malerischen Markt in südlicher Richtung am östlichen Ufer der **Breitenbrunner Laber.** Auf der Hochfläche geht es nach **Erggertshofen,** dann führt uns der Weg durch den Wald noch einmal hinunter ins Tal und über den *Wildensteiner Berg* direkt in die 7-Täler-Stadt **Dietfurt a.d. Altmühl.** Ein Weilchen bleiben wir, um das hübsche Städtchen zu erkunden. Eine Besonderheit des Ortes sind die mittelalterliche Stadtbefestigung mit den Wehrtürmen und die einfallsreich gestalteten Brunnen – vor allem der charmante *Chinesenbrunnen.*

Auf der **Jurasteig-Hauptroute** verlassen wir Dietfurt und überqueren die **Weiße Laber.** Auf der anderen Seite des Tals führt uns der steile, steinige Weg nun zur Hochfläche Richtung **Premerzhofen** und nach einer Spitzkehre an der kleinen *Kapelle* am Dorfrand von **Schmidhof** vorbei. Immer auf der Höhe folgen wir dem Weg, bis er schließlich wieder ins Tal hinunter und direkt zu unserem Ausgangspunkt, dem Marktplatz in **Breitenbrunn** führt.

Breitenbrunn, Landkr. Neumarkt i.d.OPf., Dietfurt a.d.Altmühl, Naturp. Altmühltal

BESTE ZEIT

Das ganze Jahr über. Idealerweise bei sonnigem Wetter.

START & ANREISE

Marktplatz Breitenbrunn. Zahlreiche Parkplätze am Straßenrand.

ÖPNV: Regionalbahn (RE50) von Nürnberg nach *Parsberg*. Von dort mit dem Bus (531 oder 547) nach *Breitenbrunn*.

LÄNGE & DAUER

Für die knapp 18 km lange Rundwanderung sollte man rund 4,5 h einplanen.

WOMIT BIN ICH UNTERWEGS?

Zu Fuß.

WAS NEHME ICH MIT?

Bequeme, feste Schuhe, Sonnen- / Regenschutz, ausreichend zu trinken. Evtl. Mückenschutz.

GUTES ESSEN IN DIETFURT

Im *BAY.CHI* trifft Bayern auf fernöstliches Flair. Neben überaus köstlichen Kuchen und Torten gibts hier ein zünftig-bayerisches Weißwurstfrühstück und echten chinesischen Tee. bay-chi.de

Im *Café Kanelbulle* im Schiffsanleger-Pavillon am Main-Donau-Kanal genießt man original schwedische Zimtschnecken und superleckeren Kuchen. kanelbulle-altmuehltal.de

EXTRA-TIPP

Alljährlich am zweiten Wochenende im September belagern schwedische Dragoner, bayerische Kürassiere und Zigeuner die Straßen des historischen Marktes Breitenbrunn. Dann feiern die Breitenbrunner zwei Tage lang das *Tilly-Fest* zu Ehren ihres Feldherrn. breitenbrunn.de/tillyfest

Chinesenfasching in Dietfurt – der Fürstbischof von Eichstätt stellte einst fest, dass die Dietfurter zu wenig Abgaben leisteten, woraufhin er seinen Kämmerer schickte. Die schlauen Dietfurter verschlossen jedoch ihre Stadttore und verweigerten ihm den Einlass. Verärgert berichtete der Kämmerer dem Bischof, dass die Dietfurter ihm wie die Chinesen vorkämen – sie verschanzten sich hinter ihrer Mauer. Die Wehrhaftigkeit der Stadt brachte Dietfurt den Spitznamen «Bayrisch-China» ein. Am *Unsinnigen Donnerstag* verwandelt sich die Stadt alljährlich in die Provinz Bayrisch-China. Ein Kaiser wird gekrönt, der bis Faschingsdienstag die Herrschaft übernimmt. Höhepunkt des Chinesenfaschings ist der Umzug mit dem großen Drachenwagen, der die Sänfte des Kaisers trägt. dietfurt.de/chinesenfasching

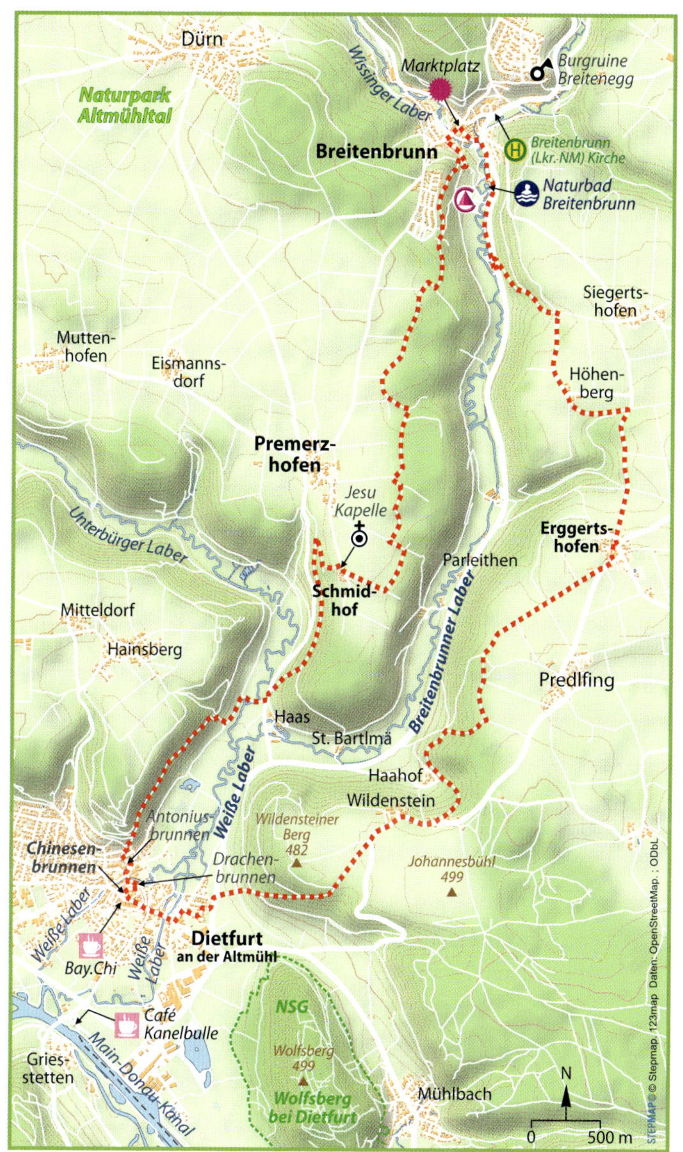
Dürn
Naturpark Altmühltal
Marktplatz
Wissinger Laber
Burgruine Breitenegg
Breitenbrunn
Breitenbrunn (Lkr. NM) Kirche
Naturbad Breitenbrunn
Siegertshofen
Muttenhofen
Eismannsdorf
Höhenberg
Premerzhofen
Jesu Kapelle
Unterbürger Laber
Erggertshofen
Parleithen
Schmidhof
Mitteldorf
Hainsberg
Breitenbrunner Laber
Predlfing
Haas
St. Bartlmä
Haahof
Wildenstein
Antoniusbrunnen
Weiße Laber
Wildensteiner Berg 482
Chinesenbrunnen
Drachenbrunnen
Johannesbühl 499
Dietfurt an der Altmühl
Bay.Chi
Café Kanelbulle
NSG
Wolfsberg 499
Wolfsberg bei Dietfurt
Main-Donau-Kanal
Griesstetten
Mühlbach
N
0
500 m
STEPMAP © Stepmap, 123map Daten: OpenStreetMap, ; ODbL

RUND UM BEILNGRIES

Zwei auf einen Streich – unsere genussvolle Radtour führt uns entlang gleich zweier Kanäle im Naturpark Altmühltal und zu einer Vielzahl spannender Sehenswürdigkeiten am Weg.

Start und Ziel unserer Radtour ist die historische Altstadt von Beilngries mit ihren mittelalterlichen Stadtmauertürmen und barocken Bauten.

Wir verlassen **Beilngries** in nördliche Richtung und folgen zunächst dem *Fünf-Flüsse-Radweg,* der uns am *Yachthafen* vorbei zum Westufer des **Main-Donau-Kanals** führt. Immer am Kanal entlang fahren wir Richtung Berching. Ein kleiner Abstecher unterwegs bringt uns zum *Informationszentrum Erlebniswelt Wasserstraße* in der historischen **Gösselthalmühle,** um mehr über den Main-Donau-Kanal, die Technik der Wasserstraße und die Schifffahrt zu erfahren.

Der Kanal weist uns dann den Weg nach **Plankstetten,** wo wir uns nach dem Besuch des *Klosters Plankstetten* mit einem kühlen Bier aus der *Klosterbrauerei* stärken, bevor wir weiterradeln.

An der beeindruckenden *Schleuse Berching* wechseln wir die Kanalseite und gelangen kurz darauf durch das *Gredinger Tor* in die historische *Altstadt* von **Berching.** Mit ihren bunten Häuschen und den mächtigen Speicherhäusern lohnt sich ein Besuch und zahlreiche Gasthöfe laden zum Verweilen ein, bevor wir die Stadt wieder verlassen und nun dem **Ludwig-Donau-Main-Kanal** gen Süden folgen.

Der nach Plankstetten erst mal trockengefallene Kanal führt uns am *Oberndorfer Aquädukt* bei **Gösselthal** und am *Alten Kanalhafen* vorbei zurück nach **Beilngries,** wo wir uns im *Sulzpark* am kleinen Flüsschen **Sulz** abkühlen und den Tag ausklingen lassen.

Beilngries, Landkreis Eichstätt, **Rund um Beilngries**
Berching, Landkreis Neumarkt i.d.OPf., Naturpark Altmühltal

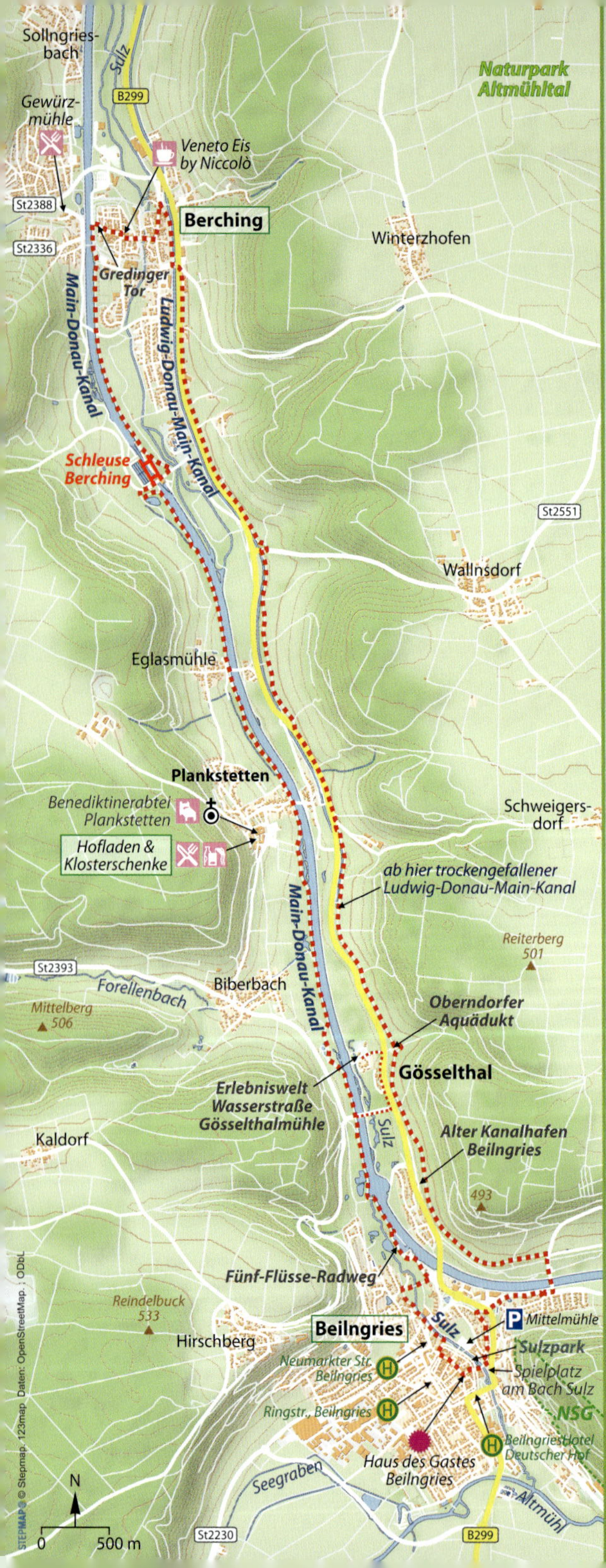

BESTE ZEIT
Frühjahr bis Herbst.

START & ANREISE
Haus des Gastes, Hauptstr. 14, 92339 Beilngries.

Parkplatz Mittelmühle, Mittelmühlweg 5, 92339 Beilngries.

ÖPNV: Mit S-Bahn (S1) oder Regionalbahn (RE50) nach *Neumarkt i.d.OPf.*. Von dort mit dem Bus 515 nach *Beilngries*.

LÄNGE
Von Beilngries nach Berching und wieder zurück sind es knapp 20 km.

WOMIT BIN ICH UNTERWEGS?
Mit dem Fahrrad.

WAS NEHME ICH MIT?
Sonnen- und Regenschutz, Fahrrad-Reparatur-Set, Radbrille, Badesachen, ausreichend zu trinken und evtl. Proviant.

GUTES ESSEN
Von Mo-Fr, manchmal auch samstags, werden in der *Gewürzmühle* in Berching feine Speisen aus regionalen ökologischen Produkten serviert. Besonders der Zwiebelrostbraten vom

Juradistl Roastbeef hat uns ausgezeichnet geschmeckt. gewuerz-muehle-berching.de

Richtig lecker fanden wir auch das selbstgemachte, italienische Eis in der Eisdiele *Veneto Eis by Niccoló* in Berching.

EXTRA-TIPP

Benediktinerabtei Plankstetten mit Biorestaurant *Klosterschenke* und Gästehaus. Im *Bio-Hofladen* kann man sich mit köstlichen Leckereien aus der klostereigenen Bäckerei und Metzgerei eindecken. Vielleicht noch ein kühles Bier aus der Klosterbrauerei dazu und dann an einem hübschen Plätzchen entlang der Strecke anhalten und ein herrliches Picknick genießen – einfach schön! kloster-plankstetten.de

PFRAUNDORFER SEE

Eine Perle im Naturpark Altmühltal, die auch im Sommer selten überlaufen ist. Hier kann man baden, entspannt in der Sonne chillen, grillen und SUPen.

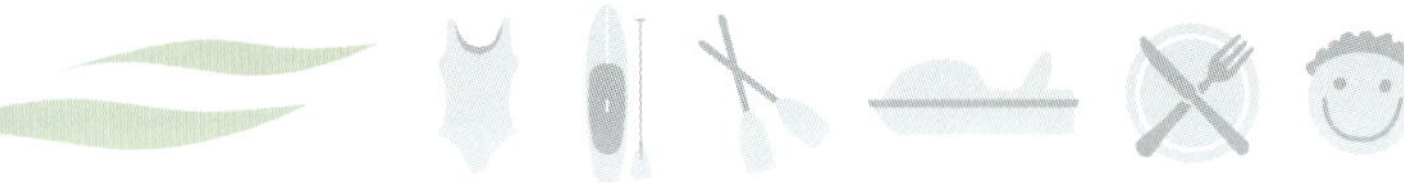

Inmitten der wunderbar grünen und hügeligen Landschaft des Altmühltals liegt der **Pfraundorfer See,** der auch **Kratzmühlsee** genannt wird.

Am rund zwei Kilometer langen Ufer finden sich mehrere **Badestellen** mit ausgewiesenen Badezonen für Nichtschwimmer und kleine Wasserratten. Wer nicht in dem natürlichen Badesee schwimmen möchte – obwohl das Wasser sauber und glasklar ist – kann einfach nur die Beine vom Steg aus ins Wasser baumeln lassen. Das *Seerestaurant* und eine **Bootsvermietung** befinden sich am Ufer, bei dem man neben Ruderbooten auch Tretboote bekommt.

Für Spaß an Land sorgen ein **Technikmuseum,** ein fantasievoll gestalteter **Abenteuer-Golfplatz,** ein **Kinderspielplatz**, **Tischtennisplatten** und geradezu idyllisch gelegene **Bolzplätze.**

Der See verfügt über zahlreiche sonnige Liegeplätze zum Chillen, aber auch solche mit Schatten spendenden Bäumen und einen tollen **Grillplatz,** an dem man den Tag am See herrlich ausklingen lassen kann.

BESTE ZEIT
Im Sommer. Zur Ferienzeit und an den Wochenenden kann es schon mal voll werden.

START & ANREISE
Parkplätze "Erholungszentrum Kratzmühle" im Norden des Sees am Abenteuer-Golfplatz, Am See 1 und am Museum, Mühlweg 5, 85125 Kinding-Pfraundorf sowie im Südwesten des Sees an der St 2230.

DAUER
Einen Tag sollte man schon einplanen.

WAS NEHME ICH MIT?
Badesachen, Sonnen-/Regenschutz, ausreichend zu trinken und alles, was man zum Grillen braucht.

GUTES ESSEN
Eine knappe halbe Stunde Fußweg entfernt finden wir den *Landgasthof Wagner* mit seiner leckeren Slow Food Küche. Die Wagners beziehen Fleisch, Fisch, Wild und Gemüse von den umliegenden landwirtschaftlichen Betrieben. Komfortable Zimmer laden zum Bleiben in diesem kleinen und ruhigen Dörfchen ein. landgasthof-wagner.de

EXTRA-TIPP
Wer ein SUP-Board sein Eigen nennt, kann mit diesem den See erkunden. SUP-Vermieter gibt es in der Gegend keine.

Romantisch ist ein *Schicknick am See:* Ein Ruderboot, dazu kuschelige Decken und ein großer Picknickkorb, gefüllt mit Köstlichkeiten und Getränken vom Seerestaurant Kratzmühle. Nur das lauschige Plätzchen muss man noch selbst suchen, dann steht dem schicken Picknick zu zweit nichts mehr im Wege. restaurant-kratzmuehle.de> Feiern > Schicknick

Campingplatz Kratzmühle – hier kann man schön in den Nurdachhäusern oder im eigenen Camper, Wohnwagen oder -mobil übernachten. kratzmuehle.de

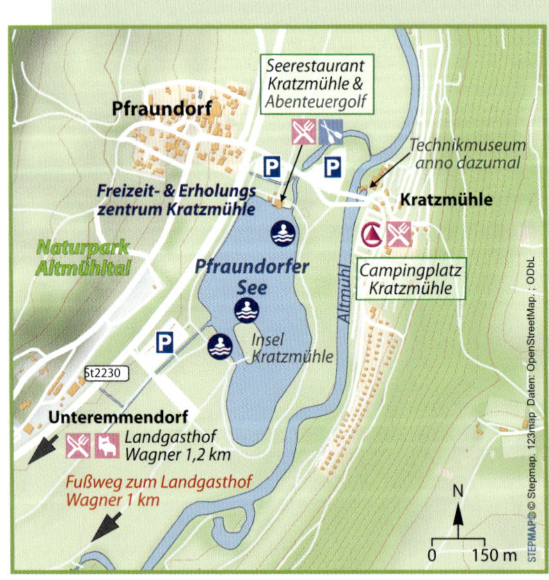

Kratzmühle

NATURLEHRPFAD KAISINGER TAL

Immer der grünen Eule nach! Diese weist den Weg durch das märchenhafte Kaisinger Tal. Höhepunkt der Wanderung sind die Kalksinterterrassen – eine zerbrechliche Schöpfung der Natur.

Am glasklaren Brunnenbächlein entlang folgen wir der «Grünen Eule», die den Weg über den drei Kilometer langen **Naturlehrpfad** durch das **Kaisinger Tal** weist. Höhepunkt des Weges sind die mitten im lichten Mischwald gelegenen bemoosten Terrassen aus Kalkstein, über die sich das Wasser des **Kaisinger Brunnenbachs** in Kaskaden ergießt.

Doch wer der Eule folgt, kann noch weitaus mehr Besonderheiten entdecken. Auf dem Weg gewähren **21 Stationen mit Hinweistafeln** Einblicke in den Lebensraum Kaisinger Tal.

Wobei die ersten zwölf Stationen fast ganz im Zeichen des Waldes stehen. Hecken, Sträucher, Bäume, lebendiges Totholz und heilige Bäume säumen den Weg und dort ist ganz schön was los. Denn allein die Hecken bieten rund 10.000 verschiedenen Tierarten Lebensraum.

Auf dem zweiten Teil des Weges stehen Wiesentäler und die charakteristischen Magerrasen der Region im Mittelpunkt. Verschiedene Gräser wie Kamm- oder Pfeifengras, aber auch blühende «Hungerkünstler» wie Disteln und die bunte Kornwicke sind hier zu Hause. Die Tiere, die hier leben, haben sich ebenfalls auf diesen trockenen Lebensraum eingestellt. Grillen, Heuschrecken, Käfer und sogar der seltene Feuersalamander fühlen sich überaus wohl und wo man hinsieht, flattern Schmetterlinge um einen herum. Hier zeigt sich die Natur von ihrer schönsten Seite!

BESTE ZEIT
Frühjahr bis Herbst. Bestenfalls an einem ruhigen Wochentag.

START & ANREISE
Parkplatz rund 700 m nach dem Ortsausgangsschild von Greding Richtung Kaising rechts (49.041299, 11.380237).

LÄNGE & DAUER
Für den 3 Kilometer langen Naturlehrpfad sollte man 1-1,5 Std. einplanen.

WOMIT UNTERWEGS?
Zu Fuß.

WAS NEHME ICH MIT?
Bequeme, feste Schuhe, Sonnen-/Regenschutz, ausreichend zu trinken und evtl. Proviant.

EXTRA-TIPP
Der Naturerlebnispfad Kaisinger Tal folgt auf einem guten Stück dem Wanderweg Nr. 5 durch das Tal. Wer seine kleine Wanderung fortsetzen möchte, folgt dem Wegweiser rund um Kaising.

BECHTHALER WEIHER

Gibt es das noch – einen echten Badesee-Geheimtipp? Klar doch, der Bechthaler Weiher im idyllischen Anlautertal. Der perfekte Ort, um Kraft zu tanken und die Stille der Natur zu genießen.

Idyllisch gelegen, versteckt sich der **Bechthaler Weiher** unterhalb einer *Burgruine* im schönen **Anlautertal** und gilt noch immer als echter Geheimtipp unter den Badeseen im **Fränkischen Seenland.**

Sind die Strände andernorts voll, findet sich am Weiher immer ein ruhiges und schattiges Plätzchen. Wer hier einen schönen Sommertag verbringt, ist schnell tiefenentspannt. Es gibt eine große **Liegewiese** am Ufer und einen **Spielplatz** für die Kleinen. Auch balancieren die gerne auf den Holzbalken im Wasser, die Schwimmer- und Nichtschwimmerbereich trennen.

Wer genug vom Faulenzen hat, erkundet die **Ruine** der *Burg Bechthal,* die über dem See auf einem Höhenrücken thront. Vom Bergfried genießt man einen traumhaften Blick über den See, das Dörfchen **Bechthal** und das malerische **Anlautertal** auf dem *Weißenburger Jura.*

Wer den Sommertag am Badeweiher noch etwas verlängern möchte, bleibt einfach ein ganzes Wochenende. Nach vorheriger Anmeldung (jura-anlautertal.de) ist **Zelten am Weiher** erlaubt.

BESTE ZEIT

Natürlich zur Badesaison. Hier hat man auch an den Wochenenden das Wasser fast für sich allein.

START & ANREISE

Das Auto parkt man am ausgewiesenen Parkplatz direkt am See.

DAUER

Einen halben Tag oder ein ganzes Sommerwochenende.

WAS NEHME ICH MIT?

Badesachen, Sonnen-/Mückenschutz, ausreichend zu trinken und einen gut gefüllten Picknickkorb.

EXTRA-TIPP

Auf dem Rückweg vom Weiher lohnt ein Abstecher zur *Bergmühle*. Diese ist die einzige von 22 Mühlen entlang der Anlauter, in der noch heute Getreide zu Mehl verarbeitet wird. Im Mühlenladen bekommt man Nudeln, Müsli, Gewürze, reines Dinkelmehl aus Oberkulmer Rotkorn, aber auch Weizen- und Roggenmehle. Wer nicht weiß, was er mit all diesen Mehlen anfangen soll: kein Problem! Die Familie Kössler berät gerne, welches Mehl sich am besten für Hefeteig, Strudelteig, Pfannkuchen, Brot & Co eignet. Wer nicht selbst backen möchte, kann auf Vorbestellung das selbst gebackene Holzofen-Brot schon fertig im Mühlenladen kaufen (Mo-Fr 9-17, Sa 9-13). bergmuehle-bechthal.de

ROHRBACHER RINNE

Sanft plätschert ein munteres kleines Bächlein in einer Kalkrinne durch einen zauberhaften Laubwald. Die von der Natur selbst entworfene Wasserleitung ist ein kleines Wunder und eines der schönsten Naturdenkmäler in Franken!

Normalerweise wäscht Wasser den Untergrund über die Zeit mehr und mehr aus. Bei steinernen Rinnen ist es genau umgekehrt: kalkreiches Wasser fließt über Tonschichten, die das Versickern von Wasser verhindern und mithilfe von Algen und Sauerstoff wird Kalk angereichert. Dieser Kalk setzt sich am Rand ab und bildet Kalktuff. In der Mitte des Rinnsals ist das Wasser kälter als außen, daher läuft der Prozess dort langsamer ab als an den Rändern. So bildet sich nach und nach eine Rinne, die größer und höher wird – daher nennt man diese Fließrinnen auch «wachsende Steine». Der Wasserlauf wird durch Wasserfälle und Seen im Miniaturformat unterbrochen.

Solch eine Rinne ist die **Rohrbacher Rinne,** die in einer Quellnische des *Unteren Weißjuras* entspringt. Ein Bächlein verlässt diese Nische und fließt dann rund 60 Meter auf einem Tuffdamm den Hang abwärts.

Holzstege führen uns am **Naturdenkmal Steinerne Rinne Rohrbach** entlang, von denen aus wir das Schauspiel der Natur bestaunen können, das sich uns auf Augenhöhe bietet. Am Rand der Rinne erkennen wir Farne, Moose, Feuchtigkeit liebende Sumpfdotterblumen und Schachtelhalme. Bei genauerem Hinsehen entdecken wir Alpenstrudelwürmer und Quell-Erbsenmuscheln im Wasser.

Rohrbach (Ettenstatt), Landkr. Weißenburg-Gunzenhausen, Naturpark Altmühltal

BESTE ZEIT
Eigentlich das ganze Jahr. Am reizvollsten von Frühjahr bis Herbst.

START & ANREISE
Großer Wanderparkplatz mit Kinderspielplatz und Kneippbecken direkt an der Steinernen Rinne in Rohrbach.

WOMIT BIN ICH UNTERWEGS?
Zu Fuß.

DAUER
Gemütlicher Spaziergang von ein bis zwei Stunden.

WAS NEHME ICH MIT?
Bequemes Schuhwerk, Regen- und Mückenschutz, ausreichend zu trinken und evtl. Proviant. Einkehrmöglichkeiten gibt es weit und breit nicht.

EXTRA-TIPP
Folgen wir dem Holzsteg weiter hinauf, kommen wir kurze Zeit später zu einem weiteren Naturphänomen, die sogenannte *Rotschlucht* mit den Sinterterrassen, welche sich ebenfalls aus Kalk gebildet haben. Das Wasser sucht sich hier über natürliche Treppen seinen Weg nach unten. Einfach wunderschön anzusehen!

Ein Ausflugsziel in der Nähe ist die beeindruckende *Hohenzollernfestung Wülzburg,* die zu Beginn des 17. Jahrhunderts fertiggestellt wurde. Es lohnt sehr, sich Zeit zu nehmen, um die grandiose Fernsicht zu genießen, das Areal zu erforschen und mehr über die wechselhafte Geschichte der Renaissancefestung zu erfahren, in der sogar der spätere französische Präsident Charles de Gaulle im Ersten Weltkrieg als Gefangener untergebracht war.

Urgemütlich ist das *Gasthaus Burgwirt* auf der Wülzburg. Die Damen vom Burgwirt servieren leckere Schmankerl nach alten Koch- und Backrezepten von ihren Müttern und Großmüttern.
burgwirt-wuelzburg.de

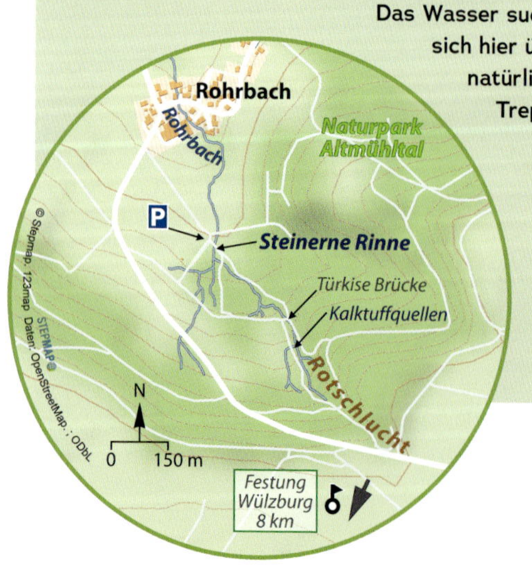

Rohrbacher Rinne

Rohrbach (Ettenstatt), Landkr. Weißenburg-Gunzenhausen, Naturpark Altmühltal

WESTLICHES & SÜDWESTLICHES UMLAND

Tour 54–65

FLOATING VILLAGE & WASSER-SPASS AM BROMBACHSEE

Wer möchte nicht mal alle Zwänge über Bord werfen und Freiheit pur auf dem Wasser genießen, dabei aber dennoch nicht auf einen sicheren Hafen verzichten?

Sanft werden wir in unserer schwimmenden Villa im **Floating Village Brombachsee** in den Schlaf geschaukelt und erwachen am Morgen, wenn die ersten Sonnenstrahlen unsere Nase kitzeln, mit Blick aufs Wasser – einfach magisch! Beim Frühstück auf der **Dachterrasse** unserer 67 qm großen, modern eingerichteten **Wasservilla** erspähen wir die ersten Surfer und SUPer.

Das weckt unseren Entdeckerdrang und wir wollen den See erkunden. Der **Brombachsee,** der eigentlich aus gleich drei Seen besteht (dem *Großen Brombachsee* und den beiden Vorsperren *Igelsbachsee* und *Kleiner Brombachsee*), hat viel zu bieten: Ob Baden an feinen **Sandstränden, Wakeboarden, SUPen, Kiten, Surfen, Segeln, Tauchen, Radfahren, Wandern** oder eine **Fahrt mit dem Trimaran MS Brombachsee** – hier ist für jeden etwas dabei.

Am Abend machen wir es uns mit einem Glas Wein am Kamin gemütlich, genießen die Ruhe und beobachten, wie die Sonne langsam am Horizont untergeht. Weit ab vom Trubel sind wir mittlerweile tiefenentspannt und möchten unser neues schwimmendes Zuhause eigentlich gar nicht mehr verlassen!

Ramsberg, Allmannsdorf, **Floating Village & Wasserspaß am Brombachsee**
Enderndorf, Absberg, Langlau, Landkr. Weißenburg-Gunzenhausen, Fränk. Seenland

BESTE ZEIT

Frühjahr und Sommer.

DAUER

Mindestmietdauer der Wasservillen in den Sommermonaten 3 Tage.

START & ANREISE

Floating Village Brombachsee, Am Segelhafen 2, 91785 Pleinfeld. eco-lodges.de

ÖPNV: Mit RE60 oder RE16 nach *Pleinfeld*, dann mit dem Rufbus** (RBu) 645 nach *Ramsberg Feuerwehrhaus*.

Mai-Okt fährt Sa, So+Fei der *Kleine-Brombachsee-Express* (Bus 699) von *Pleinfeld* die Seezentren an. Info: vgn.de

**Rufbus 645 *(Anmeldung min. 1 Std. vor Fahrtantritt unter Tel. 0175-262 40 15).*

GUTES ESSEN

Strandcafe am Brombachsee – extravagante Eisbecher und leckere Cocktails mit Ausblick auf den See. facebook.com/strandcafeambrombachsee

Sand & Sofa – Mit den Füßen im Sand in Loungemöbeln lümmeln, leckere Cocktails schlürfen, köstliche Antipasti und Holzofenpizza futtern und den schönsten Sonnenuntergang am See genießen, das ist Urlaubsfeeling pur! sandundsofa.de

Das *Landgasthaus Zur Linde* in Stirn ist bekannt durch den Spagat zwischen traditioneller, saisonaler Frankenküche und gehobener Regionalküche. zur-linde-stirn.de

EXTRA-TIPP

Wakepark Brombachsee: Wakeboard oder Wasserski mieten, um erste Erfahrungen an der Einsteigeranlage zu machen oder sein Können am 600 Meter langen Full Size Cable zu zeigen. wakepark-brombachsee.de

SUP-Shop-Pleinfeld: Mit dem SUP den Großen Brombachsee erkunden. Bestes Work Out, Muskelkater inkl. sup-shop-pleinfeld.de

Bei der *Surfschule Brombachsee* kann man Windsurfen, Kiten, Wingen und SUPen erlernen und auch die entsprechende Ausrüstung mieten. surfen-lernen-brombachsee-altmuehlsee.de

Eine atemberaubende Nacht versprechen die alljährlich im August stattfindenden *Magischen Momente am Brombachsee.* Dann lässt eine spektakuläre Licht- und Lasershow, projiziert vom Sonnendeck des Trimarans, den See in farbenprächtigem Licht erstrahlen. Untermalt wird das Ganze von stimmungsvollen Klängen und anschließend gibt es Live-Musik an den Stränden. zv-brombachsee.de/magischemomente

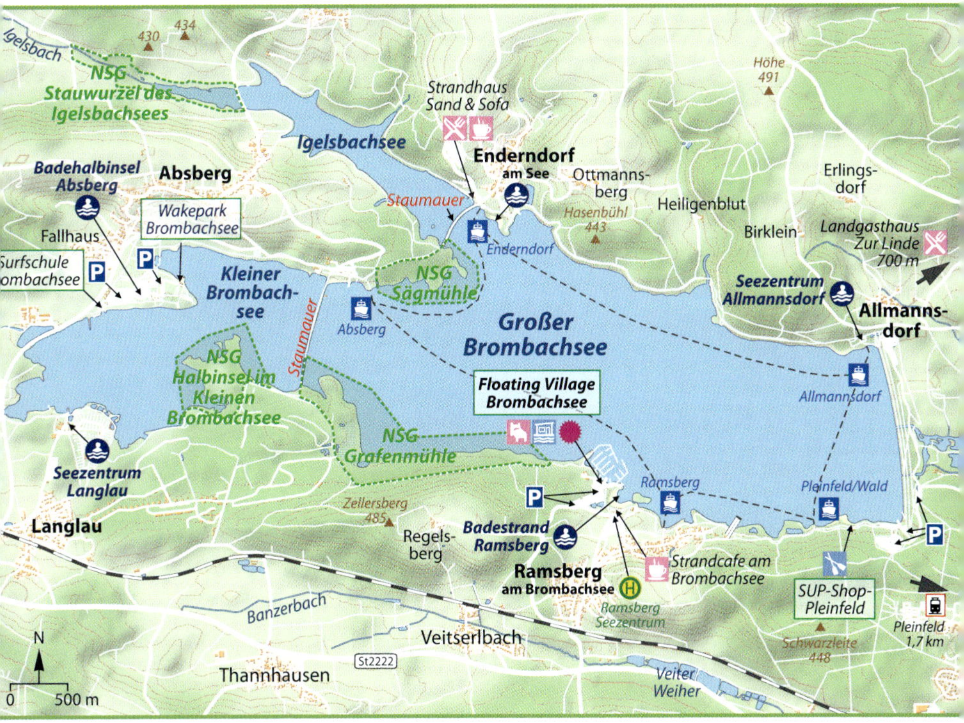

Igelsbach
430
434
NSG Stauwurzel des Igelsbachsees
Igelsbachsee
Strandhaus Sand & Sofa
Enderndorf am See
Ottmannsberg
Hasenbühl 443
Heiligenblut
Höhe 491
Erlingsdorf
Birklein
Landgasthaus Zur Linde 700 m
Badehalbinsel Absberg
Absberg
Wakepark Brombachsee
Staumauer
Fallhaus
Surfschule Brombachsee
Enderndorf
NSG Sägmühle
Kleiner Brombachsee
Absberg
Großer Brombachsee
Seezentrum Allmannsdorf
Allmannsdorf
NSG Halbinsel im Kleinen Brombachsee
Staumauer
Floating Village Brombachsee
Allmannsdorf
NSG Grafenmühle
Seezentrum Langlau
Zellersberg 485
Ramsberg
Pleinfeld/Wald
Langlau
Regelsberg
Badestrand Ramsberg
Ramsberg am Brombachsee
Strandcafe am Brombachsee
Ramsberg Seezentrum
SUP-Shop-Pleinfeld
Pleinfeld 1,7 km
Banzerbach
Veitserlbach
Schwarzleite 448
N
0
500 m
Thannhausen
St2222
Veiter Weiher

ALTMÜHLSEE

Italo-Feeling an der «Fränkischen Adria» – der Altmühlsee ist wie Urlaub im Süden, nur direkt vor der Haustür!

Sind wir schon in Italien? Nein, nicht ganz, aber ist man erst einmal an der «Fränkischen Adria» angekommen, versprechen gleich drei Seezentren unbeschwerten Badespaß für die ganze Familie.

Die **Seezentren** in **Schlungenhof, Muhr am See** und **Wald** bieten alles, was man für einen perfekten Badetag braucht. **Sandstrände** und weite **Liegewiesen** säumen die Ufer des **Altmühlsees** und laden zum Entspannen und Erholen ein.

Wer genug vom Faulenzen hat: Der See hält die besten Voraussetzungen für **Segler, Kiter** und **Surfer** bereit. Außerdem können wasserbegeisterte Gäste **SUPen, Kajak** und **Tretboot** fahren oder beim *Zorbing* über das Wasser laufen.

Wer lieber an Land bleibt, erkundet den See auf dem knapp 13 Kilometer langen **Rundweg** per **Segway, Rikscha, Rad** oder zu **Fuß,** spielt **Beachvolleyball, Fußball** oder **Minigolf.**

Ein Spaß für Groß und Klein ist auch die Fahrt mit dem **Ausflugsschiff MS Altmühlsee,** das die Freizeitzentren am See verbindet.

Auf einem informativen **Lehrpfad** lässt sich die lagunenartige **Vogelinsel** an der **Nordspitze** des Sees erkunden. Das **Naturschutzgebiet** nimmt knapp die Hälfte des Sees ein und ist Heimat seltener Wasser- und Watvögel. Ein besonderes Highlight sind die am See ansässigen Seeadler.

Schlungenhof, Muhr am See, Wald, **Altmühlsee**
Landkreis Weißenburg-Gunzenhausen, Fränkisches Seenland

BESTE ZEIT

Natürlich in der Badesaison. Idealerweise an einem ruhigen Wochentag außerhalb der Ferienzeit.

START & ANREISE

Gebührenpflichtige Parkplätze gibt es an allen drei Seezentren und am Surfzentrum.

ÖPNV: Mit dem Bayernticket im Nahverkehrszug nach *Gunzenhausen,* dann mit dem Fahrrad in wenigen Minuten zu den Seezentren. Die Fahrrad-Tageskarte kostet sechs Euro pro Tag und Rad.

Oder mit Bus 642.4 (Rufbus) zum *Seezentrum Wald,* bzw. Bus 642.1 (Rufbus) zum *Seezentrum Schlungenhof.*

Bus 744 fährt zwischen dem *Bhf Gunzenhausen, Schlungenhof Mitte* und *Muhr am See.*

Von Mai-Okt fährt samstags, sonntags und feiertags außerdem der *Altmühlsee-Express* (Bus 689) die Seezentren an.

DAUER

Einen ganzen Tag, ein erholsames Wochenende oder einen Urlaub lang.

WAS NEHME ICH MIT?

Badesachen, Sonnen-/Regen-/Mückenschutz, Fernglas zur Vogelbeobachtung, ausreichend zu trinken, evtl. Proviant.

GUTES ESSEN

Seerestaurant Strandblick (Seezentrum Schlungenhof): Der Ausblick von der Terrasse auf den Altmühlsee ist grandios, vor allem bei Sonnenuntergang. Auf den Tisch kommen hausgemachte fränkische und saisonale Spezialitäten. Ein Renner ist die Currywurst Strandblick – eine Kalbsbratwurst mit selbstgemachter Sauce und dazu Pommes.

Im Gasthof *Zum Hirschen* in Wald am westlichen Seeufer, lassen wir uns die leckere fränkische Hausmannskost schmecken. Eine Reservierung ist sehr zu empfehlen! hirsch-in-wald.de

Walder Dorfladen: Alles Regional, tolle Qualität. walderdorfladen.de

WASSERSPORT

Wer gerne aufs Wasser möchte, findet hier einige Vermieter:

Surfcenter Altmühlsee am Surfzentrum Schlungenhof (Kajak, Kiten, Wind-/ Wingsurfen und SUP). surfcenter-altmuehlsee.de

Bootsvermietung im Seezentrum Schlungenhof (Tretboot und SUP).

Segel-Center Altmühlsee im Seezentrum Wald (Katamaran und Jolle). segel-center.de

BELEBNISSE am Altmühlsee im Seezentrum Wald (SUP, Kajak, Aqua Zorbing), belebnisse.de

Erlebniszentrum KON-TIKI im Seezentrum Muhr am See (Kajak und SUP), facebook.com/kontikiez

EXTRA-TIPP

Während der *Rundfahrt mit der MS Altmühlsee* genießen Fahrgäste einen tollen Blick auf den See und bequem ist die Fahrt noch dazu. altmuehlsee.de >Schifffahrt

Die *Informationsstelle des Landesbundes für Vogelschutz* in Muhr am See bietet von Mitte März bis Mitte Oktober *naturkundliche Führungen* zur Vogelinsel an. Bei diesen Exkursionen erhält man nicht nur einen Einblick in die Vogel-, sondern auch in die übrige Tier- und Pflanzenwelt der Vogelinsel und die Entstehung des Altmühlsees. altmuehlsee.lbv.de

Muhr
am See
Nesselbachzuleiter
Vogelinsel
Lehrpfad
P
Altmühl
KON-TIKI
Muhr am See
Seezentrum
FKK Strand
H
P
Seezentrum
Muhr am See
Aussichtsturm
Vogelinsel
Beach Volleyball
Seezentrum
Muhr am See
Laubenzedel
Altmühlzuleiter
NSG
Vogelfreistätte Flachwasser-
und Inselzone im Altmühlsee
B13
Altmühl
Streudorf
St2222
Altmühlsee
Surfcenter
Altmühlsee
Mooskorb
P
Schlungenhof Seezentrum
Spielplatz
Walder
Dorfladen
Wald
Schloss
Falkenhausen
Familygolf Minigolf
Trampolin
Gasthof
Zum Hirschen
Surfzentrum
Schweina
H
Schlungenhof
Seezentrum
Wald Altmühlsee
Segel-Center
Altmühlsee
Schlungenhof
Steinabühl
P
Seerestaurant
Strandblick
Wald Seezentrum
H
Seezentrum
Schlungenhof
Tretboot- &
SUP-Verleih
Fischer-Michl
Seezentrum
Wald
Haus am See
Altmühlsee
Kinderspielplatz
Hirteninsel
Gunzenhausen
500 m
P
Walder Altmühl
Altmühl
Erlebnisspielplatz
Untere
Heid
P
Anlegestelle
Hirteninsel
N
0 200 m
Obere
Heid
B466
B13

FREIZEITANLAGE GERN

Wir genießen den Sommertag an der ruhigen Insel – zumindest an Wochentagen. Sonnenhungrige, die auf der Suche nach einer Alternative zu den überfüllten Badeseen im Fränkischen Seenland sind, kommen hierher an den herrlich sauberen Altmühlsee-Zuleiter!

Der **Altmühlzuleiter** ist ein rund 4,7 Kilometer langer künstlicher Wasserlauf, der in den 1970er-Jahren entstanden ist, um bei Hochwasser der Altmühl das Wasser zu entnehmen und dem Altmühlsee zuzuführen.

Direkt an diesem Zuleiter gelegen ist die **Freizeitanlage Gern.** Der **Badestrand «Die Insel»** ist der perfekte Ort für einen Tag Strandurlaub mit der ganzen Familie. Wir lassen uns auf der **Liegewiese** am Hang die Sonne auf den Bauch scheinen oder stecken unsere Füße in den Sand. Beim Planschen im Wasser erfreuen wir uns an der sehr guten Wasserqualität. Für die kleinen Besucher steht ein kleiner **Kinderspielplatz** mit Schaukel, Kletterwand und einem Sandkasten zur Verfügung.

Direkt neben dem kostenlosen Badebereich wird im lauschigen **Biergarten** *An der Insel Gern* gute hausgemachte Schmankerl unter den schattigen Kastanienbäumen serviert. Beim Essen genießen wir den Ausblick auf das Wasser und die romantische, vorgelagerte Biberinsel.

Wer möchte, mietet sich eines der zwei **Tretboote** oder ein **SUP-Board** und nimmt den Biberbau beim Umrunden genauer in Augenschein. Mit etwas Glück entdecken wir dabei sogar einen Biber!

Freizeitanlage Gern
Gern, Ornbau, Landkreis Ansbach, Fränkisches Seenland

BESTE ZEIT

Natürlich zur Badesaison. Wer kann, meidet die heißen Wochenenden.

START & ANREISE

Ein kostenpflichtiger Parkplatz befindet sich direkt am See, Am Anger 2, 91737 Ornbau.

ÖPNV: Mit dem Bayernticket im Nahverkehrszug nach *Gunzenhausen.* Dann rund 12 Kilometer mit dem Fahrrad auf dem schönen Altmühltal-Radweg. Die Fahrrad-Tageskarte für den Zug kostet sechs Euro pro Tag und Rad.

Oder alternativ mit dem RE 90 oder der S4 von *Nürnberg* nach *Ansbach* und von dort mit dem Bus 736 nach *Gern,* bis fast an den Strand.

WAS NEHME ICH MIT?

Badesachen, Sonnen-/Regen-/Mückenschutz, Lesestoff, ausreichend zu trinken, evtl. Proviant.

GUTES ESSEN

Biergarten An der Insel Gern – leckere Currywurst und klassisch fränkische Gerichte.

EXTRA-TIPP

Das nahe gelegene *Ornbau* ist eine der ältesten, aber auch kleinsten Städte in Bayern. Ein Abstecher in die geschichtsträchtige Zwergstadt an der Wasserscheide lohnt. Die *Stadtmauer,* durch die Ornbau das Stadtrecht verliehen bekam, ist nahezu komplett erhalten und fasst die sehenswerte *historische Altstadt* ein. Ein wahres Schmuckstück ist auch die *fünfbogige steinerne Brücke* über die Altmühl.

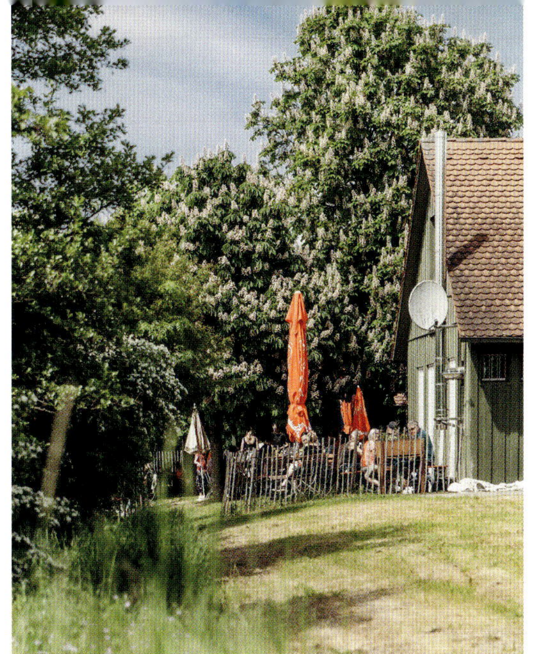

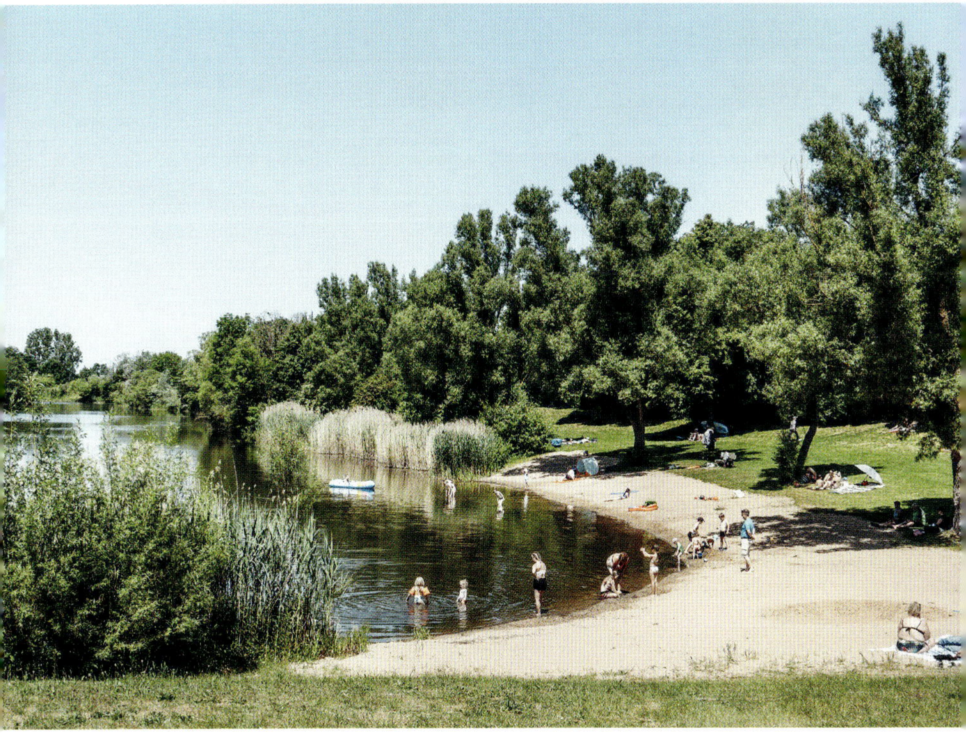

Freizeitanlage Gern 231

Gern, Ornbau, Landkreis Ansbach, Fränkisches Seenland

NATURFREIBAD AN DER WEISSBACHMÜHLE

Eine herrliche Bade-Oase und für Jung und Alt eine perfekte Alternative zu den überfüllten Freibädern in der Stadt – wenn man naturnahes Baden mag!

Nur wenige Minuten außerhalb von **Merkendorf** liegt das **Freizeitzentrum Weißbachmühle,** umrahmt von saftigen grünen Wiesen.

Kinder toben hier nach Herzenslust am **Spielplatz** oder buddeln im Sand. Wir suchen uns ein schönes Plätzchen auf der **Ruhewiese** am Weiher und lesen ganz entspannt ein gutes Buch oder halten im Schatten unter den Bäumen ein Nickerchen.

Wenn es zu heiß wird, schwimmen wir eine Runde im Badeweiher oder zeigen unser Können am **Sprungturm.** Die Kleinen bekommen gar nicht genug von der **Wasserrutsche** und flitzen diese rasant herunter – wieder und wieder. Für den kleinen Hunger und den großen Durst ist ein **Kiosk** vorhanden.

Eine Badeaufsicht gibt es nicht – Baden auf eigene Gefahr! – dafür einige **Regeln:** ***Hunde sind nicht gestattet*** und ***gebadet werden darf nur ab sechs Uhr morgens bis zum Einbruch der Dunkelheit.***

Dafür freuen sich Wohnmobilbesitzer über großzügig bemessene Stellplätze direkt am Freizeitzentrum. Die Sanitäranlagen im angrenzenden **Naturfreibad** dürfen mitbenutzt werden. Stromanschlüsse, Ver- und Entsorgungsmöglichkeiten sind vorhanden.

Naturfreibad an der Weißbachmühle

Weißbachmühle, Merkendorf, Landkreis Ansbach

BESTE ZEIT

Badebetrieb ist von April bis September.

START & ANREISE

Parkplatz direkt am Naturfreibad, Weißbachmühle 3, 91732 Merkendorf.

ÖPNV: Mit der S4 bis nach *Heilsbronn.* Von dort Bus 712 bis Haltestelle *Merkendorf Friedhof.* 900 Meter Fußweg zum See.

WAS NEHME ICH MIT?

Badesachen, Sonnenschutz, ausreichend zu trinken und evtl. einen gut gefüllten Picknickkorb (Glasbehälter sind verboten).

EXTRA-TIPP

Merkendorfer Sauerkraut: Der Krautanbau hat in Merkendorf schon seit dem 18. Jahrhundert Tradition, daher trägt die Stadt auch den Beinamen *Krautstadt.* Hier dreht sich alles ums Kraut: Es gibt ein *Krautlandmuseum, Krautlandwege,* einen *Krautbrunnen* am Rathaus und sogar ein eigenes Krautkochbuch.

Wer mehr über den Krautanbau und die Sauerkrautherstellung erfahren möchte, macht eine Hofführung auf dem *Krautbauernhof Reuter* und deckt sich im *Hofladen* mit traditionell hergestelltem Sauerkraut und anderen Krautspezialitäten ein. merkendorfer-kraut.de

Merkendorf kann Kraut, ist aber davon abgesehen auch noch ein ziemlich hübsches Städtchen. Ein Spaziergang entlang der *mittelalterlichen Mauer* mit zahlreichen Türmen lohnt. Herrlich flanieren kann man auch im kleinen *Barockgarten* beim Steingruberhaus.

Naturfreibad an der Weißbachmühle **235**

Weißbachmühle, Merkendorf, Landkreis Ansbach

DENNENLOHER SEE

Der kleinste der fränkischen Seen lädt zu ausgedehnten Wanderungen, zum Baden, einer Ausfahrt mit dem Boot oder einfach nur zum Entspannen ein – einen schönen Sommertag lang oder auch ein ganzes Wochenende!

Der **Dennenloher See** ist zwar der kleinste im Bunde der künstlich geschaffenen fränkischen Seen, aber ein echtes Juwel. Eingebettet in ein großes Wald- und Heidegebiet ist er das perfekte Ausflugsziel für Naturliebhaber und Ruhesuchende.

Kilometerlange **Wanderwege** führen rund um den See und durch die wunderschöne Waldlandschaft. **Gebadet** werden kann sowohl im **Osten** als auch am kleinen **Sandstrand am Westufer,** der zum Campingplatz gehört. Um sich an der Lage inmitten der Natur und den Freizeitmöglichkeiten zu erfreuen, muss man kein Gast des Campingplatzes sein. Ob **Sonnenbaden** auf der **Liegewiese,** Toben am **Spielplatz, Boot fahren, Surfen,** Sandburgen bauen oder dem süßen Nichtstun frönen: hier kommt jeder auf seine Kosten.

Im **Süden des Sees** lädt der wildromantische **Schlosspark Dennenlohe** zu einer ausgiebigen Erkundungstour ein. Wir schlendern an seltenen Pflanzen und Sträuchern, dem *Steinkreis Caer'na Baillie,* dem *Bhutantempel,* einem japanischen *Teepavillon,* lebensgroßen *Steinelefanten* und *balinesischen Türmen* vorbei. Lauschige Plätzchen zum Entspannen und Durchatmen finden wir auf den 17 Inseln am von Lotosblüten und Seerosen überwucherten **Schlossweiher.** Auf malerischen Pfaden erkunden wir den romantischen *Rhododendronpark* und den *Platnersberg,* wo uns ab Juni rund eine halbe Million Rosenblüten mit ihrem betörenden Duft verzaubern.

Dennenloher See

Dennenlohe (Unterschwaningen), Landkreis Ansbach, Fränkisches Seenland

BESTE ZEIT

Zur Badesaison. Selbst am Wochenende findet hier jeder ein ruhiges, idyllisches Fleckchen.

START & ANREISE

Parkplätze: Am Westufer beim Campingplatz, am Ostufer beim Gelände des SV Lellenfeld 1969 und am Schlosspark, Dennenlohe 1, 91743 Unterschwaningen.

ÖPNV: Mit der S4 bis nach *Ansbach.* Von dort Bus 739 bis *Abzw. Dennenlohe (Unterschwaningen).*

DAUER

Ein schöner Tagesausflug oder gleich ein ganzes Wochenende.

WOMIT BIN ICH UNTERWEGS?

Zu Fuß.

WAS NEHME ICH MIT?

Badesachen, Sonnen-/Regen-/Mückenschutz, ausreichend zu trinken und evtl. Proviant. Ggf. eine komplette Campingausrüstung.

GUTES ESSEN

Solide Schnitzel, Burger und Pizza gibt es in *Lillis bunter Küche* am Campingplatz Dennenlohe.

Orangerie Café im zauberhaften barocken Gewächshaus im Schlosspark Dennenlohe. Gemütlich Kaffee trinken und selbst gebackenen Kuchen essen mit Blick auf den Persischen Garten.

EXTRA-TIPP

Campingplatz Dennenloher See – Übernachten mitten in der Natur. Reizvolle Stellplätze für Wohnmobile rund um den See. Gäste des Campingplatzes dürfen direkt am Wasser zelten. campingplatz-dennenlohersee.de

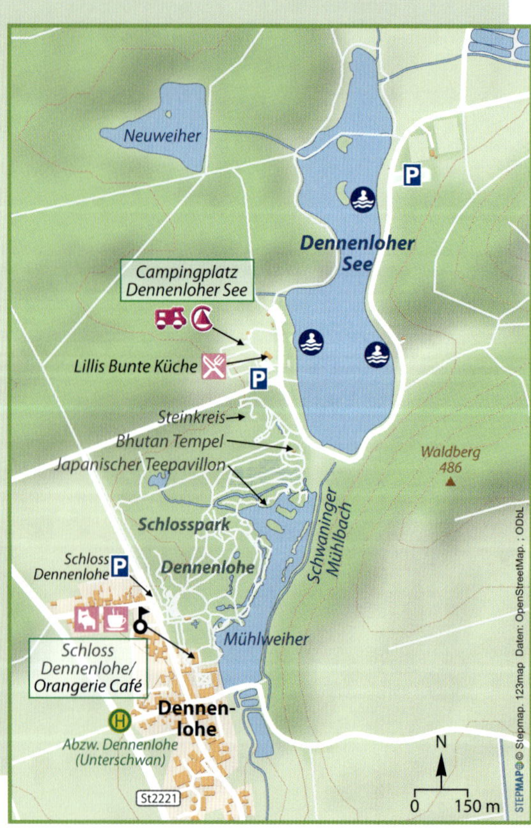

Schloss Dennenlohe – kein Hotel im üblichen Sinne. Wer hier übernachtet, darf sich als persönlicher Hausgast von Baronin und Baron Süsskind fühlen. Morgens wird ein Frühstück mit biologischen Zutaten von den umliegenden Wiesen und aus dem Park im Gartensaal oder auf der Terrasse serviert. dennenlohe.de >Schloss >Übernachten in Dennenlohe

Mehrmals im Jahr findet im historischen Kuhstall von Schloss Dennenlohe ein *Antik- und Brocante-Markt* statt. Dachbodenfunde, Möbel, Porzellan, Vintagemode, Dekoartikel. . . hier wird jeder fündig! dennenlohe.de >Events >Brocante Antikmarkt Tage

AUF DEM FRÄNKISCHEN WASSER-RADWEG NACH SCHILLINGSFÜRST

Radelspaß pur mit Naturgenuss, Kulturerlebnissen und Burgromantik verspricht diese Etappe des Fränkischen WasserRadwegs entlang der Sulzach und der Wörnitz.

Bevor wir losradeln, schauen wir uns das Markgrafenstädtchen **Wassertrüdingen** am Fuß des *Hesselbergs* an – charmant ist die historische *Altstadt.* Ein Rundgang durch das *Museum FLUVIUS* informiert über die Wasserwelt des Flusses. Über den *Wörnitzpark* verlassen wir die Stadt und folgen der naturbelassenen **Wörnitz** mit ihren Schleifen und Mäandern durch die Landschaft des *Romantischen Frankens.* Über **Aufkirchen** geht es nach **Ruffenhofen,** wo wir im *Limeseum* einen Einblick in die römische Geschichte der Gegend bekommen.

Anschließend führt uns die Tour, mehrmals die Flussseite wechselnd, über **Wilburgstetten** nach **Dinkelsbühl,** mit seiner mittelalterlichen Silhouette aus liebevoll renovierten *Fachwerk- und Bürgerhäusern* und dem *Münster St. Georg.* Der Besuch der pittoresken Stadt mit den zauberhaften kleinen Gassen und ein Sprung in die Wörnitz im *Wörnitzstrandbad* zählen zu den Highlights dieser **Radtour.**

Weiter geht es nun Richtung **Larrieden,** wo wir den Fluss verlassen und dem Weg bis in die Festspielstadt **Feuchtwangen** folgen. Der *Marktplatz* mit dem barocken *Röhrenbrunnen* ist das Herz der Stadt. Das einmalige *Kirchenensemble* und der *romanische Kreuzgang* zeugen von der Zeit, als die Stadt noch ein Kloster war.

Ab Feuchtwangen weist uns die **Sulzach** den Weg gen Norden. Durch den Wald nähern wir uns schließlich **Schillingsfürst** mit dem weithin sichtbaren *Barockschloss,* das über der Stadt thront.

BESTE ZEIT

Zu jeder Jahreszeit, ideal ist der Sommer.

START & ANREISE

Parkplatz am Straßenrand in der Altstadt von Wassertrüdingen.

ÖPNV:
Start: Mit der S4 nach *Ansbach.* Dort Bus 739 bis Haltestelle *Wassertrüdingen Realschule.* (VGN-Tarif, Fahrradmitnahme NICHT kostenlos).

Ziel: Von Schillingsfürst mit Bus 807 nach *Dombühl* und von dort mit der S4 zurück nach *Nürnberg,* oder mit Umstieg in *Ansbach* zurück nach *Wassertrüdingen.*

WOMIT BIN ICH UNTERWEGS?

Mit dem Fahrrad.

LÄNGE & DAUER

Einen ganzen Tag sollte man für diese 62 Kilometer lange Radtour mindestens einplanen. Mit Besichtigungen, Badepause und entspannter Einkehr besser ein ganzes Wochenende.

WAS NEHME ICH MIT?

Sonnen- und Regenschutz, Fahrrad-Reparatur-Set, Radbrille, ausreichend zu trinken und Proviant.

GUTES ESSEN

Im *Altdeutschen Restaurant* im *Deutschen Haus* in Dinkelsbühl – eines der schönsten Fachwerkhäuser Deutschlands – werden feinste Gerichte aus der Heimat serviert. Besonders lecker finden wir den Dinkelsbühler Spiegelkarpfen, ob als halber Karpfen im Bierteig oder als Filet im Weinteig. deutsches-haus-dkb.de

EXTRA-TIPP

Eines der größten Ereignisse in Dinkelsbühl ist das alljährlich in der zweiten Julihälfte stattfindende historische *Kinder- und Heimatfest Kinderzeche.* Die Dinkelsbühler feiern dabei die Befreiung ihrer Stadt von den Schweden im Dreißigjährigen Krieg. kinderzeche.de

Ansbach
Leutershausen
Schillingsfürst
Naturpark Frankenhöhe
Ziegelhütte
Bortenberg
Vehlberg
Dornberg
Neidlingen
Leiperzell
Feuchtwangen
Stiftskirche/ Romanischer Kreuzgang
Kaltenbronn
Larrieden
Schopfloch
Pulvermühle
Burgstall
Wörnitzstrandbad
Münster St. Georg
Altdeutsches Restaurant
Dinkelsbühl
Freundstal
Neumühle
Wilburgstetten
Ruffenhofen
Weiltingen
Römerpark Ruffenhofen
Limeseum
Aufkirchen
Gerolfingen
Reichenbach
Wörnitzpark
Marktstraße
Fluvius-Museum
Wassertrüdingen
Wassertrüdingen Realschule
Herrieden
Wieseth
Bechhofen an der Heide
Königshofen an der Heide
Hesselberg

Milzenhäuschen
Das kleine Haus

HAHNENKAMMSEE

Idyllisch schmiegt sich der See zwischen die Hügel des Hahnenkamms und ist – neben Badegästen – vor allem bei Anglern und Wanderern sehr beliebt.

Von den künstlich geschaffenen Gewässern im **Fränkischen Seenland** ist der **Hahnenkammsee** zwar der zweitkleinste, aber dafür der älteste der sieben Seen.

Besucher finden rund um die Oase in den grünen Hügeln ausgedehnte **Wanderwege, Spielplatz, Tret- und Ruderbootvemietung, Tischtennis, Beach-Volleyballfeld,** Duschen und Toiletten, Umkleidekabinen, **Grillplatz, Kneipp-Becken, Sandstrände** sowie eine große **Liegewiese,** Angel-Spots und die kleine **Seehausgaststätte.**

In den Sommermonaten lädt der See zum Baden ein, wobei es einen Schwimmer- und einen abgetrennten Nichtschwimmerbereich gibt. Die Kleinen toben und planschen sorglos in einem extra flachen Bereich – daher verspricht der Hahnenkammsee Wasserspaß für die ganze Familie. Für die Sicherheit sorgt die *Wasserwacht* mit einer kleinen Station am Strand.

Hechlingen am See (Heidenheim), **Hahnenkammsee**
Landkreis Weißenburg-Gunzenhausen, Fränkisches Seenland

BESTE ZEIT
Natürlich zur Badesaison. Idealerweise an einem Wochentag.

START & ANREISE
Parkplatz beim Haus am See, Hechlinger See 1, 91719 Heidenheim.

ÖPNV: Mit der RE/RB16 oder RE60 bis Treuchtlingen. Von dort Bus 887 bis Haltestelle Hechlingen am See Hasenmühle.

WOMIT BIN ICH UNTERWEGS?
Zu Fuß oder auf dem Wasser.

LÄNGE & DAUER
Einen schönen Sommertag.

WAS NEHME ICH MIT?
Badesachen, Sonnen-/Regenschutz, Lesestoff, ausreichend zu trinken, evtl. Proviant.

GUTES ESSEN
Das *Haus am See* serviert auf der idyllischen Terrasse Klassiker wie Currywurst mit Pommes, aber auch leckere Nudel-Bowls und knackige Salate. das-hafner.de/hausamsee

Wer fernab vom See eine kulinarische Entdeckung machen möchte, geht in den *Forellenhof* in Hechlingen am See. Dort werden fränkische Spezialitäten und kulinarische Besonderheiten wie Damhirsch aus dem eigenen Gehege und Hahnenkamm-Forellen aufgetischt. forellenhof-hechlingen.de

EXTRA-TIPP
Wer gerne aufs Wasser möchte, kann direkt am Steg beim *Haus am See* ein Tretboot, Kajak oder Ruderboot mieten oder mit dem eigenen SUP-Board unterwegs sein.

Bei einem *Spaziergang* über den rund 3 km langen *Uferwanderweg* genießt man herrliche Blicke auf den See und die grünen Hügel des Hahnenkamms.

Wer etwas aktiver sein möchte, macht sich über den Lehrpfad *Hechlinger Hohlweg* auf zur Ruine der St.-Katharinen-Kapelle auf dem Kapellbuck. An schönen Tagen genießt man von dort oben einen herrlichen Rundblick auf den Hahnenkammsee, die sanften Hügel und bis ins Ries.

Westlich des Sees findet man in rund 1,8 km Entfernung die restaurierten Grundmauern einer ehemaligen villa rustica, dem *Römischen Bauernhof Hüssingen.*

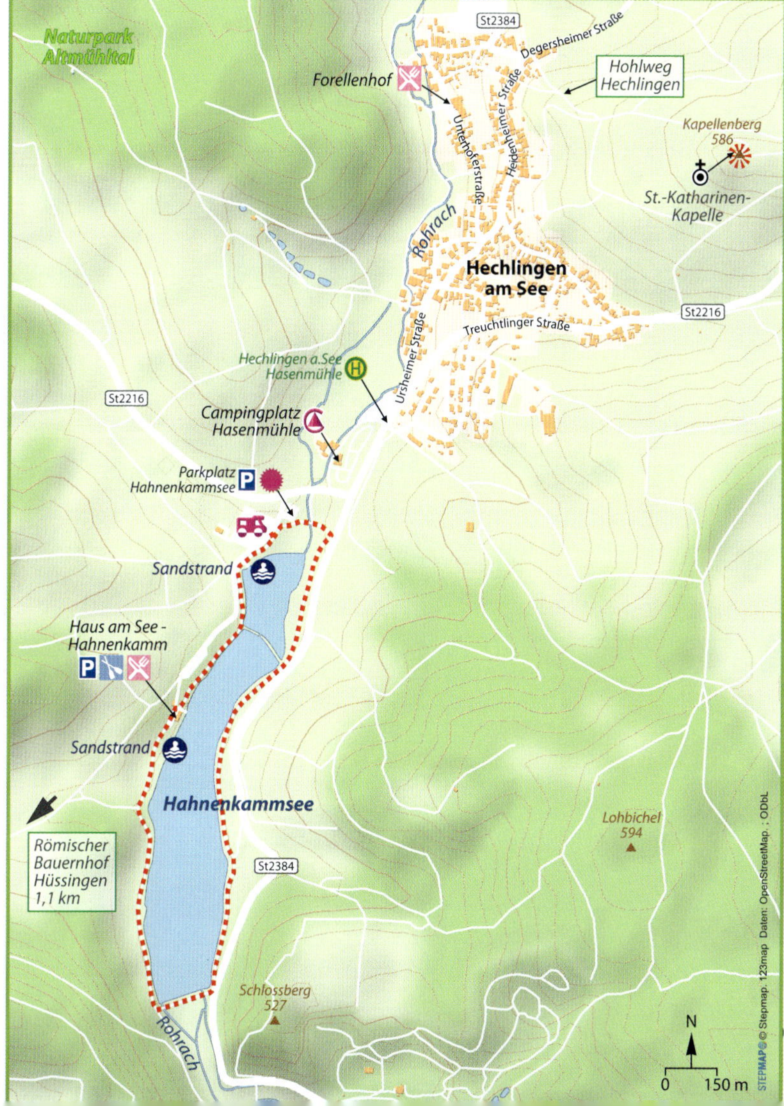

NSG SCHEERWEIHERGEBIET BEI SCHALKHAUSEN

Romantische Landschaftsträume vor der Haustüre: Das Scheerweihergebiet hat all das im Repertoire, was man sich von einem Kurzausflug in die Natur erhofft – inklusive tierischen Bewohnern!

In **Ansbach** gibt es nur ein einziges Naturschutzgebiet, dafür ein sehr beeindruckendes – das 52 Hektar große **Scheerweihergebiet,** eines der vielfältigsten Stillwasserökosystemen Mittelfrankens.

Vom **Aussichtsturm** am Parkplatz führt der Weg über den Damm zur *Scheermühle*. Auf dem unbeschilderten **Rundweg** am **Scheerweiher,** der im Mittelalter durch das Aufstauen zweier Bäche als Fischteich angelegt wurde, begleitet uns unberührte Natur über die *Neudorfer Mühle* und in einem Bogen zurück zum Ausgangspunkt.

Dichtes Röhricht aus Teichbinsen, Rohrkolben und Schilf umgibt den flachen **Scheerweiher.** In den Bachtälern schauen Trollblumen und Knabenkraut neugierig hervor. Mehr als 60 Vogelarten fühlen sich am Weiher wohl, darunter Stockenten, Blässhühner, Graureiher und seltene Arten wie Wasserralle und Schilfrohrsänger.

Wenn wir Glück haben, können wir im Frühjahr sogar Fischadler beobachten, die auf der Suche nach Beute über dem Weiher kreisen. Dann ist auch Laichzeit der Amphibien und daher einiges los. Molche, Kröten und Frösche nutzen den Scheerweiher zum Laichen. Morgens und abends lauschen wir auf einer der Bänke am Uferweg einem herrlichen Konzert – mit Surroundklang.

Am Rande der Waldlandschaft finden wir Trockenrasen und Feuchtwiesen mit wunderschönen Orchideen und bunten Blumen, die nur selten gemäht werden, um die Artenvielfalt zu erhöhen. Gelegentlich trifft man einen Schäfer mit seiner Schafherde an.

NSG Scheerweihergebiet bei Schalkhausen
Schalkhausen (Ansbach) Naturpark Frankenhöhe

BESTE ZEIT

Jahreszeitlich besonders schön ist die *Amphibienlaichzeit* im Frühjahr, dann blühen auch die Orchideen. Zur *Vogelbeobachtung* kommt man von April bis Oktober. Wunderschön ist auch der Herbst, wenn sich der Laubwald von seiner farbenprächtigen Seite zeigt.

START & ANREISE

Parkplatz am Scheerweiher, Scheermühle 1, 91522 Ansbach (Schalkhausen).

ÖPNV: S4 bis *Ansbach* und von dort mit dem Stadtbus Linie 751 bis zur Haltestelle *Schalkhausen Sonnenstraße.* Dann sind es noch etwa 15 Min. Fußweg zum Scheerweiher.

WOMIT BIN ICH UNTERWEGS?

Zu Fuß.

LÄNGE & DAUER

3,8 km, gemütlicher Spaziergang von ein bis zwei Stunden.

WAS NEHME ICH MIT?

Bequeme Schuhe, Sonnen-, Regen-, Mückenschutz, Fernglas, ausreichend zu trinken und eventuell Proviant.

EXTRA-TIPP

Aquella Freizeitbad in Ansbach: An kalten Herbst- und Wintertagen packen wir Badesachen und Handtuch ein, wärmen uns nach dem Spaziergang im Whirlpool oder in einer der Saunen im *Aquella* auf und genießen anschließend die wohltuende Ruhe im Aufenthaltsraum am offenen Kamin. Oder wir lassen uns im Wellenbad tragen und fühlen uns eine kleine Weile, als wären wir am Meer. myaquella.de

ÜBRIGENS

Schon kleine Störungen können das empfindliche Ökosystem Scheerweiher aus dem Gleichgewicht bringen.

- ***Der Kernbereich des Schutzgebiets darf daher ganzjährig nicht betreten werden.***
- Zum Schutz der Tiere und Pflanzen müssen wir ***vom 1. März bis 31. Juli auf den Wegen bleiben.***
- Enten, Gänse und die seltenen Höckerschwäne sollten ***nicht gefüttert*** werden!

Neudorfer Mühle
Schollenbach
Naturpark Frankenhöhe
NSG Scheerweihergebiet bei Schalkhausen
Bocksberg 480
Onolzbach
Scheermühle
Hohenmühlbach
Scheer-weiher
Aussichtsplattform Scheerweiher
Leutershäuser Straße
St2246
Schalkhausen
Schalkhausen-Sonnenstr.
Am Finkenbuck
Schönfeldwald
Hengstgraben
Aquella Freizeitbad 2,2 km
Ansbach 2,7 km
N
0 150 m
STEPMAP © Stepmap. 123map Daten: OpenStreetMap. : ODbL

OBERNZENNER SEE

Zumindest an Wochentagen ist der See mit Sandstrand eine reizvolle, idyllisch gelegene Alternative für Badefreunde und Sonnenanbeter, die Ruhe und Abkühlung suchen.

Wer zum Baden an den rund 14 Hektar kleinen und maximal viereinhalb Meter tiefen **Obernzenner See** fährt, sollte dies im Frühsommer tun. Hitzewellen sorgen im Hochsommer häufig für eine starke Blaualgenentwicklung. Blaualgen können giftig sein – die Marktgemeinde **Obernzenn** spricht dann eine Badewarnung aus.

Ansonsten ist der See jedoch eine schöne Bademöglichkeit mit **Sand- und Kiesstrand** und einer angeschlossenen **Liegewiese.** Spaß versprechen auch das **Volleyballfeld,** die **Tischtennisanlage** und der **Spielplatz.**

Das Befahren des Sees mit eigenen, nicht motorbetriebenen Wasserfahrzeugen, ob **Segelboot, Stand-up-Board** oder **Surfbrett** ist gestattet – außer im Badebereich und dem ausgewiesenen Biotop. Eine Badeaufsicht gibt es nicht, daher sollten Eltern gut auf ihre Kinder aufpassen. An schönen Wochenenden im Sommer ist die *Wasserwacht* jedoch für kleinere Erste-Hilfe-Leistungen vor Ort.

Im Süden des Sees gibt uns der familienfreundliche **Seecamping Obernzenn** zudem die Möglichkeit, aus einem Tagesausflug gleich ein ganzes Wochenende zu machen.

BESTE ZEIT
Natürlich zur Badesaison. Idealerweise an einem ruhigen Wochentag.

START & ANREISE
Direkt am Obernzenner See gibt es einen kostenpflichtigen Parkplatz (Parkgebühr ist zu entrichten, wenn der Parkplatzwart vor Ort ist).

ÖPNV: Mit der S4 nach *Ansbach,* dann mit dem Bus 734 nach *Obernzenn, Schule.* Von dort 1,2 km zu Fuß zur Badestelle.

WAS NEHME ICH MIT?
Badesachen, Sonnenschutz, ausreichend zu trinken, evtl. Proviant.

GUTES ESSEN
Antipasti, Pizza, Pasta und leckere Dolci – zubereitet mit ganz viel Amore – werden im *Ristorante Pizzeria Sul Lago* auf der Terrasse mit Blick auf den See serviert.
ristorantesullago.de

Obernzenn
Obernzenn, Schule 300 m
Naturpark Frankenhöhe
Uffenheimer Straße
Zenn
Blaues & Rotes Schloss
Obernzenner See
Ristorante Pizzeria Sul Lago
See Camping Obernzenn
Zenn
Mölbenbächl
Eisenbach
N
0 150 m
© Stepmap, 123map Daten: OpenStreetMap, ODbL

ENTLANG DER FRÄNKISCHEN REZAT NACH GEORGENSGMÜND

Genussradeln im Tal der Fränkischen Rezat – von der Quelle bis zur Mündung. Kulturelle, landschaftliche, kulinarische und hopfige Highlights erwarten uns auf dieser Tour. Lasst uns losradeln . . . !

Auf der Frankenhöhe nordwestlich von Oberdachstetten entspringt die **Fränkische Rezat,** der wir auf dieser genussvollen **Radtour** für 66 Kilometer bis zur Mündung in Georgensgmünd folgen.

Vom Bahnhof in **Oberdachstetten** radeln wir durch den alten Ortskern, dann ab **Mitteldachstetten** immer am Wasser entlang durch beschauliche Landschaft nach **Lehrberg,** wo aus dem Bächlein der *Fränkischen Rezat* inzwischen ein richtiger Fluss geworden ist.

Nun führt uns der Radweg an der *Wasserzeller Mühle* vorbei und dann erblicken wir **Ansbach** in der Ferne – das erste Highlight unserer Tour. Wir bummeln durch die Residenzstadt mit ihren beeindruckenden Baudenkmälern und dem wunderschönen *Hofgarten,* bevor es weiter Richtung **Lichtenau** geht. Ein kurzer Abstecher zur *Festung Lichtenau* sollte im Zeitplan drin sein.

Durch den *Rezatgrund* und über die alte *Markgrafenbrücke* führt uns der Weg nach **Windsbach.** Wer den Aufstieg zum historischen *Stadtturm* nicht scheut, wird mit einem spektakulären Blick über die *Altstadt* und das *Rezattal* belohnt.

Wir treten wieder in die Pedale und gelangen über **Wassermungenau** zur *Pflugsmühle,* wo es Zeit für eine gemütliche Pause im schönen Biergarten ist. Die pittoreske kleine Stadt **Spalt** mit den hochgiebligen Hopfenhäusern, den prächtigen Fachwerkhäusern und dem *Museum HopfenBierGut* ist dann ein weiteres Highlight dieser Tour.

Nicht mehr weit ist es nun nach **Georgensgmünd,** wo unsere Tour am Zusammenfluss der Fränkischen und der Schwäbischen Rezat endet.

BESTE ZEIT
Zu jeder Jahreszeit, idealerweise im Sommer.

START & ANREISE
Sowohl Start als auch Ziel unserer Tour sind mit öffentlichen Verkehrsmitteln zu erreichen. Man kann das Auto also zu Hause lassen.

ÖPNV:

Start: Mit S4 oder RE90 bis *Bhf Ansbach,* weiter mit RE 80 zum *Bhf Oberdachstetten.*

Ziel: Vom *Bhf Georgensgmünd* mit RB16 oder RB60 zurück nach *Nürnberg.*

WOMIT BIN ICH UNTERWEGS?
Mit dem Fahrrad.

LÄNGE & DAUER
Einen ganzen Tag sollte man für diese 66 km lange Radtour mindestens einplanen. Mit Besichtigungen und entspannter Einkehr besser ein ganzes Wochenende.

Es besteht auch die Möglichkeit, die Tour zu verkürzen und nur eine Teilstrecke zu fahren und dann in den Zug zu steigen. Bahnhöfe finden wir in Ansbach, Sachsen b.Ansb. und Windsbach.

WAS NEHME ICH MIT?
Sonnen- / Regenschutz, Fahrrad-Reparatur-Set, Radbrille, ausreichend zu trinken und Proviant.

GUTES ESSEN
Zahllose gute Biergärten, Restaurants und Gaststätten entlang der Strecke!

Ein herrlicher Biergarten zum Entschleunigen ist *Die Pflugsmühle* südöstlich von Wassermungenau. Serviert werden leckere fränkische Brotzeiten mit selbst gebackenem Brot, warme Schmankerln, kreative Burger und schmackhafte, vegetarische Gerichte. pflugsmuehle.de

Richtig gut ist auch das Eis vom *Werzingerhof* (Hofladen Mi-So 13-17, Eisautomat) in Wernfels. pfahler-eis.de

Neben leckeren kleinen Kuchen mit Haube gibt es in *Danys Cupcakery* in Ansbach auch sündhaft gute Macarons, Cookies und Cakepops. danys-cupcakery.de

Ein echter Geheimtipp ist die *Trattoria Ischia Porto* in Spalt. Feine und authentische Küche von der grünen Insel Ischia wird hier serviert und lässt uns vom Urlaub in Italien träumen!

EXTRA-TIPP
Schnittlinger Loch – drei Kilometer westlich von Spalt, immer entlang des Hatzelbaches, liegt die beeindruckende Sandstein-Schlucht mit Halbhöhlen und Felsabstürzen mit einer Höhe von bis zu 15 Metern.

Ebenfalls spektakulär ist die rund drei Kilometer nördlich von Spalt gelegene *Massendorfer Schlucht,* durch die ausgeschilderte Wanderwege führen. In die etwa 300 Meter lange, 50 Meter breite und bis zu 20 Meter tiefe Schlucht hat sich ein kleiner Bach tief in den Burgsandstein eingegraben.

Oberdachstetten
Oberdachstetten
Virnsberg
Unternbibert
Neudorf
Neustetten
Ebersdorf
Dietenhofen
Götteldorf
Dörflein
Flachslanden
Rügland
Mittel-dachstetten
Rosen-bach
Fränkische Rezat
Gasthaus Eisenbahn
Adelmannsdorf
Göders-klingen
Neubronn
Klein-haslach
Gräfenbuch
Heßberg
Berndorf
Naturpark Frankenhöhe
Oberheß-bach
Ballstadt
Petersdorf
Bruckberg
Brünst
Weihenzell
Fichtenleiten
Lehrberg
Zailach
Frankendorf
Grüb
Strüth
Oberramstadt
Wasserzeller Mühle
Thurndorf
Schafhof
Steiners-dorf
Wasser-zell
Külbingen
Wickles-greuth
Residenz Ansbach
Gasthof Schwarzes Roß
Hofgarten Ansbach
Neunkirchen
Ansbach
Schalkhausen
Zum Eberhardt
Danys Cupcakery
Sachsen bei Ansbach
Festung Lichtenau
Alberndorf
Elpersdorf
Stein-bach
Rutzen-dorf
Lichtenau
1 km
Neuendettelsau
Immel-dorf
Schlauers-bach
Volz Mühle
Suddersdorf
Barthelmes-aurach
Gauchsdorf
Wernsbach
Rückers-dorf
Kirschen-dorf
Stadtturm
Ebersbach
Neuses bei Windsbach
Windsbach
Sauernheim
Waldstrandbad Windsbach
Abenberg
Roth 7 km
Dürren-mungenau
Markgrafenbrücke Windsbach
Fränkische Rezat
Wolframs-Eschenbach
Mäbenberg
Wasser-mungenau
Winkelhaid
Mittel-eschenbach
Gasthof Blumenthal
Die Pflugsmühle
Stiegelmühle
Geiersberg
Wern-fels
Massen-dorf
Massendorfer Schlucht
Georgensgmünd
Werzingerhof Mi-So 13-17
Erlbach
Schnittlinger Loch
Spalt
Georgens-gmünd
Wasserzell
Haundorf
Kalben-steinberg
Hatzelbach
Eichenberg
Ischia Porto
Erlebniswelt HopfenBierGut
Hügel-mühle
Schwäbische Rezat
1 km

LAUTERBACHER WEIHER

Kleiner Weiher – großer Badespaß und eine Menge mehr! Der perfekte Ort für einen erlebnisreichen Sommertag oder gleich einen ganzen Sommer mit der ganzen Familie.

Nur 130 Meter lang und 120 Meter breit ist der **Lauterbacher Weiher,** umgeben von intakter Natur. Gespeist wird er vom in der Nähe entspringenden *Lauterbach*. Das Ufer ist größtenteils wild, einen kleinen Sandstrand und Liegewiesen gibt es aber auch.

Entspannt schaukeln wir mit einem guten Buch in einer der Hängematten mit Blick auf den Weiher und genießen die kleine Auszeit. Wer das nicht nur einen halben Tag machen möchte, bleibt einfach ein ganzes Wochenende oder länger.

Der kleine Badeweiher gehört nämlich zum **Mohrenhof Franken.** Lauschige Plätze fürs Zelt gibt es rund um den Weiher, zahlreiche Stellplätze für Wohnmobile auch auf den Panorama-Terrassen und am **Wakepark-Ufer.**

Wer weder Zelt noch Wohnmobil sein Eigen nennt, übernachtet in einem der **Zirkuswagen** oder in den **Wood Space Eco Lodges.**

Besonders beliebt bei den Kleinen sind die **Ställe** – denn der Mohrenhof ist noch immer ein bewirtschafteter **Bauernhof.** Im **Hühnerstall** kann man sich auch mal selbst die Frühstückseier aussuchen. Die Möglichkeit, Ponys und Kaninchen zu streicheln, garantiert lachende Kinderaugen und spätestens, wenn die dauerlächelnden **Alpakas** mit ihren Wimpern klimpern, sind die Kleinen vollends beglückt.

Lauterbach (Geslau), Landkreis Ansbach, Naturpark Frankenhöhe

BESTE ZEIT

Der Campingplatz ist ganzjährig geöffnet, aber am schönsten ist ein Ausflug natürlich im Sommer.

ANREISE

Mohrenhof "Feel the Camp", Lauterbach 2, 91608 Geslau, mohrenhof-franken.de

ÖPNV: Sehr kompliziert, 3-4x Umsteigen. bahn.de

DAUER

Einen schönen Sommertag oder gleich den ganzen Sommer.

WAS NEHME ICH MIT?

Badesachen, Sonnen-/ Regenschutz, evtl. komplette Camping-ausrüstung.

GUTES ESSEN

Kleine Seekneipe – Hausgemachte fränkische Gerichte mit Zutaten vom *Mohrenhof* und aus der Region. mohrenhof-franken.de/seekneipe-mohrenhof

EXTRA-TIPP

Gleich neben dem Badeweiher garantiert der *Wakepark* Wasserspaß für Groß und Klein.

Ein herrlicher Spaß für die ganze Familie ist auch *Adventure-Golf*. Ziel ist es, die Hindernisse zu überwinden, nicht von der Bahn abzukommen und den Ball ins Loch zu zaubern.

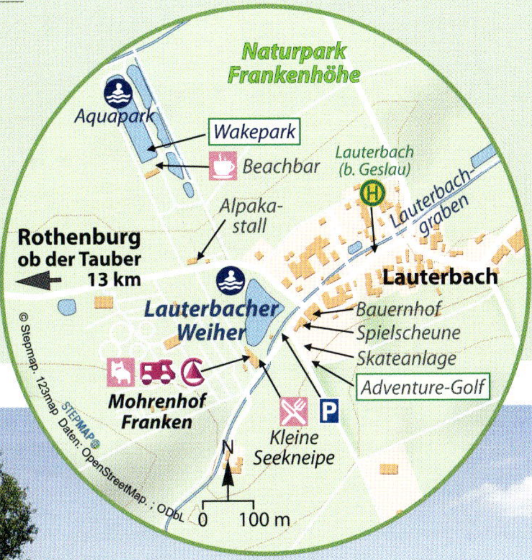

AISCHTALRADWEG

Die ehemalige Reichsstadt Rothenburg ob der Tauber, Bad Windsheim, die Aischstädte Neustadt und Höchstadt und die Kaiserstadt Bamberg sind die Highlights auf dem Aischtalradweg – zwischen den Orten nichts als Ruhe & ländliche Beschaulichkeit!

Auf einer Länge von 121 Kilometern schlängelt sich der **Radfernweg** vom mittelalterlichen Rothenburg ob der Tauber durch bezaubernde Landschaften in das nicht minder geschichtsträchtige Bamberg.

Ein Highlight am Weg ist gleich zu Anfang das märchenhafte **Rothenburg ob der Tauber,** welches wir ausgiebig erkunden, bevor wir losfahren. Wir bummeln durch die Gassen der mittelalterlichen *Altstadt* und genießen vom *Burggarten* herrliche Ausblicke auf das liebliche Taubertal.

Am Rande der *Frankenhöhe* führt uns der Weg über **Marktbergel** nach **Bad Windsheim,** wo ein Besuch des *Freilandmuseums* lohnt.

Anschließend radeln wir weiter bis **Neustadt an der Aisch** mit seiner mittelalterlichen *Stadtmauer* und dem *Alten Schloss.* Seit Jahrhunderten gilt der *Aischgründer Spiegelkarpfen* als besonderer Leckerbissen in Franken und darüber hinaus.

Vorbei an Karpfenteichen und der allmählich zu einem richtigen Fluss werdenden **Aisch** geht es über die Storchenstadt **Uehlfeld** nach **Höchstadt a.d. A.** und weiter nach **Hallerndorf.** Bei **Altendorf** erreichen wir den **Main-Donau-Kanal,** der uns den Weg nach Bamberg weist.

Die alte Kaiser- und Bischofsstadt **Bamberg** gilt als eine der schönsten Städte Deutschlands. Daher verweilen wir noch ein wenig – wandeln durch die Prachtsäle der *Neuen Residenz,* bewundern das *Alte Rathaus,* das auf einer künstlichen Insel mitten in der *Regnitz* steht, und genießen den Blick auf die ehemalige *Fischersiedlung «Klein Venedig».* So schön!

BESTE ZEIT
Zu jeder Jahreszeit, idealerweise Sommer.

START & ANREISE
Eigentlich überall in der Altstadt von Rothenburg ob der Tauber.

Große Parkplätze gibt es am Friedrich-Hörner-Weg, am Schrannenplatz und am Bezoldweg.

ÖPNV: Sowohl Rothenburg ob der Tauber als auch Bamberg liegen im Nahverkehrsverbund Nürnberg (VGN). Mit dem Tagesticket Plus können zwei Erwachsene mit zwei Fahrrädern ein Wochenende lang im gesamten Verkehrsverbund fahren. Man kann und sollte das Auto also getrost zu Hause lassen und den Zug nutzen.

WOMIT BIN ICH UNTERWEGS?
Mit dem Fahrrad.

LÄNGE & DAUER
Zwei Tage sollte man für die 121 Kilometer lange Radtour mindestens einplanen. Mit Besichtigungen, Badepause und entspannter Einkehr besser ein verlängertes Wochenende.

Es besteht auch die Möglichkeit, nur eine Tagestour zu machen und auf halber Strecke in den Zug zu steigen.

WAS NEHME ICH MIT?
Sonnen-/Regenschutz, Fahrrad-Reparatur-Set, Radbrille, ausreichend zu trinken und Proviant.

GUTES ESSEN
Ausgezeichneten Aischgründer Karpfen und andere saisonale und erntefrische Spezialitäten isst man in der *Kohlenmühle* in Neustadt an der Aisch.
kohlenmuehle.de

Die besten Pasteis de Nata außerhalb Portugals werden im *Café Zuckerstück* in Bamberg serviert. Dazu trinkt man inmitten von verrückten Möbeln und Dingen, die man kaufen kann, einen portugiesischen Galão.
zuckerstueck-bamberg.de

EXTRA-TIPP
Bad Windsheim ist ein Kurort und hat mit der *Franken-Therme* eine besondere Attraktion: Neben einem Thermal-Sole-Becken gibt es hier einen überdachten und ganzjährig beheizten Salzsee mit einem Salzgehalt ähnlich dem im Toten Meer.
franken-therme.net

Lotos-Garten – etwas außerhalb der Altstadt von Rothenburg ob der Tauber befindet sich dieser idyllische asiatische Wassergarten. Findet man den Weg durch das alte indische Tor, betritt man eine andere Welt. Täglich kann man hier von 10-12 Uhr in herrlicher Atmosphäre frühstücken und Urlaubsfeeling pur genießen – ob entspannt im Teehaus sitzend, im Pagoden-Pavillon oder in den lauschigen Sitzecken inmitten exotischer Pflanzen aus Fernost.
lotos-garten.de

Bamberg
Bamberg
Stadtplan
Bamberg s. Tour 27
Seite 113
Main-Donau-
Kanal
Regnitz
Aurach
Kolitzheim
Gerolzhofen
Rauhen-
ebrach
Main
Volkach
Rauhe Ebrach
Naturpark
Steigerwald
Hirschaid
Altendorf
Schlüsselfeld
Hallern-
dorf
Aisch
Mittelebrach
Höchstadt
an der Aisch
Forch-
heim
Adels-
dorf
Uehlfeld
Dechsen-
dorf
Weisen-
dorf
Kohlenmühle
Gasthof - Brauerei
Erlangen
Neustadt
an der Aisch
Museen im
Alten Schloss -
Karpfenmuseum
Mittlere Aurach
Herzogen-
aurach
Regnitz
Schrannen-
platz
P5 (PKW,
Motorräder)
Würzburger
Straße
Bezoldweg
Klingen-
schütt
Deutsches
Weihnachtsmuseum
Galgengasse
Obere
Bahnhofstraße
Burggarten
Markt-
platz
Rödergasse
P4
Galgentor
Burggasse
Wenggasse
Rothenburg
ob der Tauber
Tauber
Aussichts-
punkt
Rödersch ütt
Topplerweg
Friedrich-
Hörner-
Weg
Rothenburg
ob der Tauber
Lotos-Garten
900 m
St1022
P1 Friedrich-
Hörner-Weg
Nördlinger Straße
Gollach
Uffen-
heim
Franken-Therme
Aisch
Bad Windsheim
Fränkisches
Freilandmuseum
Langenzenn
Zenn
Fürth
Bayern
Baden-Württemberg
Tauber
Burg-
bernheim
Marktbergel
Naturpark
Frankenhöhe
Cadolzburg
Nürnberg
Bibert
Altmühl
Dietenhofen
Roßtal
Rothenburg
ob der Tauber
Rothenburg
ob der Tauber
Colmberg
N
0
5 km
Rohr
Schwabach
Schwabach

DIE AUTORIN

Nina Loos ist Grafikdesignerin, Bloggerin, Autorin, Fotografin und eine waschechte Nürnbergerin. Unzählige Reisen führten sie durch Amerika, Australien & Neuseeland, auf die abgelegensten Südseeinseln, durch Asien und Europa. Insgesamt hat die Autorin 70 Länder bereist und berichtet darüber auf ihrem Blog reisehappen.de

All die Reisen haben jedoch auch ihren Blickwinkel auf die eigene Heimat verändert – man muss nicht immer in die Ferne schweifen, denn das Schöne beginnt vor der eigenen Haustür – man muss es nur erkennen!

MEHR BÜCHER AUS DER REIHE

REGISTER

IMPRESSUM

1. Auflage Juli 2024

Von-Hutten-Str. 15
D-22761 Hamburg
Tel. +49 (0)40 39 10 99 10
www.los-ans-wasser.de

Text & Fotos: Nina Loos

Layout Design: formlabor, Hamburg; Siegmund & Fischer Grafik
Illustration Icons: formlabor, Hamburg; Carola Hillmann
Korrektorat: Karolina Schucht, Hamburg

Idee, Konzept, Lektorat & Satz: Thomas Kettler, Carola Hillmann
Karten: StepMap, Heide Schwinn & Carola Hillmann
Druck & Gesamtherstellung: KOPA, kopa.eu

Weitere Bildnachweise (o. = oben, u. = unten, l. = links, r. = rechts):
Seite 25 o.: ©Gutmann am Dutzendteich;
Seite 263: ©Freizeitparadies Mohrenhof.

Bildnachweise Wikimedia Commons (o. = oben, u. = unten, l. = links, r. = rechts):
Seite 11: Ailura; Seite 21: Richard Link 2015; Seite 25 u., 148 u.: Buendia22; Seite 60: Benreis; Seite 85: G. Zapf; Seite 87 o., 176-177, 211, 215: Derzno; Seite 93: bytfisch; Seite 97 : Holger Uwe Schmitt; Seite 119: Charles J. Sharp; Seite 156: Mensch01; Seite 164 o.: Freud; Seite 173 u.: Frank Vincentz; Seite 179, 189, 217 o.: DALIBRI; Seite 185: Elena Marie Meyer; Seite 193 o.: Elcom.stadler; Seite 205: LordMP; Seite 209 o.+ u.: Kd6=dra; Seite 225: AnneBo13; Seite 253: EapClochydd; Seite 261: Ammerseer; Seite 265: Reinhold Möller.

Die Deutsche Nationalbibliothek verzeichnet diese Publikation in der Deutschen Nationalbibliografie; detaillierte bibliografische Daten sind im Internet über http://dnb.d-nb.de abrufbar.